FÉNELON

DIRECTEUR DE CONSCIENCE

PAR

A. DE GRISY

DOCTEUR ÈS-LETTRES.

PARIS
LIBRAIRIE ACADÉMIQUE
DIDIER ET Cie, LIBRAIRES-ÉDITEURS
35, quai des Augustins, 35

DU MÊME AUTEUR :

Etude sur T. Otway (épuisé).

J. Addison ou un Attique en Angleterre.

Etude historique sur la Jérusalem conquise du Tasse.

Fénelon, missionnaire et prédicateur (sous presse).

Lucilius et Béranger ou deux poëtes populaires (sous presse).

FÉNELON

DIRECTEUR DE CONSCIENCE

§ I.

Sénèque et Fénelon.

Placés par leurs croyances aux points opposés du monde théologique, Sénèque et Fénelon se rapprochent néanmoins par l'influence morale qu'ils ont eue sur l'homme et sur les idées de leur temps. Le premier, dont les *Lettres à Lucilius* font partie des œuvres classiques, a été trop bien jugé (1) comme moraliste, pour qu'il soit utile, sinon en passant, de le considérer à ce point de vue particulier. Quant à Fénelon, l'heure, il semble, est venue de l'apprécier comme auteur des *Lettres spirituelles* (2) et de le montrer tel qu'il

(1) Voyez l'excellent ouvrage de M. Martha : *Les moralistes sous l'empire romain*, 3e édition.

(2) Nous avons suivi l'édition de 1826.

fut dans son rôle élevé de directeur des consciences.

Sénèque est né moraliste. Le titre de philosophe qu'il sut honorer lui vient de cette sagesse pratique qui, sous le nom de morale, sert de principe et de fondement à ses leçons. S'il relève de l'antiquité par l'origine, il se rattache par son esprit aux âges chrétiens; car sa philosophie, tout empreinte qu'elle soit de la pensée païenne, réfléchit cependant quelque chose de ce spiritualisme qui est le propre des conceptions modernes. Aussi peut-on regarder Sénèque comme un croyant égaré parmi les anciens. Bien plus, parce qu'il ne sépare jamais, dans l'application, le dogme de la morale, il paraît, malgré son paganisme, un prédicateur sans mission, il est vrai, mais non sans éloquence ni sans autorité. Il eût mérité, tant sa raison a parfois d'étendue, de vivre aux premiers jours de la foi nouvelle, de prêter à l'apologétique chrétienne la vigueur souvent excessive de sa diction, et de mettre au service des vérités éternelles cette imagination dont il sut animer comme d'un brillant coloris de sèches formules et de froides abstractions. Ajoutez qu'au temps même où la conscience pouvait ne sembler qu'un mot vide de sens, Sénèque, en vrai sage, porte sur le cœur humain une vue claire et pénétrante. Comme on le fit plus tard, il excelle à lire dans les âmes, et, par un prodige de talent, il accomplit un travail toujours bien difficile, je veux dire la délicate anatomie de nos passions. Voilà pourquoi le nom et les écrits du sage de Cordoue exciteront à jamais notre admiration. D'ailleurs, est-il possible de s'occuper d'un moraliste et de ses ouvrages, sans penser aussitôt à celui qui, parmi les stoïciens, a le mieux traité de la morale et orné ses préceptes des plus belles formes du langage?

En outre, Sénèque est un véritable directeur, et, comme tel, on l'a comparé (1) aux écrivains chrétiens, surtout à Bossuet, le grand directeur de conscience du dix-septième siècle (2). Sans pousser cette comparaison jusqu'au paradoxe, on a pu, d'une main discrète, marquer les points où se rencontrent et les différences qui séparent nécessairement des esprits dont l'un n'a pour guide que la seule raison naturelle, tandis que l'autre marche comme inondé des clartés du christianisme. Cependant, quel que soit le génie de nos directeurs spirituels, quelque succès qu'ils aient eu dans le gouvernement des âmes, tous, depuis S. Jérôme jusqu'à Fénelon, ont suivi la route que, dès le premier siècle de l'ère nouvelle, ouvrit avec tant d'éclat le maître de Lucilius. Sans doute chacun d'eux prisait moins dans Sénèque le stoïcien conciliant que le moraliste ingénieux; toutefois chacun aussi, dans l'ardeur de son zèle, dut honorer le prosélytisme avec lequel Sénèque s'attache à diriger son disciple vers la sagesse; tous enfin goûtaient en lui le docteur de la philosophie *active*, laquelle n'est autre chose que l'enseignement pratique appliqué à la conduite des hommes. En travaillant sur ce modèle, dont ils allaient

(1) V. Martha : *Les moralistes sous l'empire romain*, p. 57 et 399.

(2) La *direction* est, on peut le dire, presque exclusivement propre à l'Occident; elle est peu connue de l'Orient.

transformer la doctrine, ces grands esprits n'ont pas trouvé de méthode plus sûre que celle de Sénèque pour porter la persuasion dans les cœurs et pour donner à la conscience inquiète un salutaire avertissement. Seulement, il faut le dire, la morale qu'ils prêchent, sans cesser pour cela d'être agissante, s'élève, grâce à l'idée chrétienne, audessus de cette région du bon sens qui est propre à Sénèque et qui inspire ses traités philosophiques. Alors ce n'est pas le seul accent qui change, c'est aussi l'enseignement dogmatique; en un mot, la doctrine elle-même dans ses principes essentiels et sa raison fondamentale. Sénèque est sorti du Portique, et, comme tel, il embrasse le système et caresse les illusions de l'école. De là, en ses écrits, ce mélange de liberté et d'asservissement qui les caractérise. Nos directeurs, au contraire, professant la religion du Christ et la morale évangélique, soumettent leur raison au joug de la foi et donnent pour appui à leur *parénétique* le fond immuable des croyances divines. De là, dans leurs ouvrages, ces fortes pensées, cette unité d'enseignement, et, ce qui les rend incomparables, cette solidité de doctrine qu'ils tiennent d'un maître dont la parole ne connaît ni l'erreur ni la subtilité.

Quoi qu'il en soit, ce sera l'éternel honneur de Sénèque d'avoir conçu un idéal de sagesse sous le plus fou des princes, et de l'avoir montré aux hommes à une époque où cet idéal contraste si fort avec la décadence morale dont va périr le monde romain. D'un autre côté, quelle gloire n'est-ce pas pour l'auteur païen que d'être adopté comme un précurseur par ces maîtres de la vie spirituelle qui devaient après lui travailler sur un plan nouveau, mais non avec plus d'éclat littéraire, au progrès des mœurs et au perfectionnement des âmes! Voici, en effet, qu'au dix-septième siècle, Sénèque a pour imitateur dans la direction le plus aimable et le plus ingénieux des écrivains de spiritualité, Fénelon. C'est à Sénèque que Fénelon, directeur de conscience, ressemble surtout — car le plus souvent il ne ressemble qu'à lui-même —, par le tour de son esprit, par sa belle imagination, et aussi par les formes tantôt brillantes, tantôt légèrement subtiles et affectées de sa diction. Ainsi donc, à part le fond des idées qui diffèrent essentiellement, Sénèque et l'auteur chrétien sont deux intelligences de même ordre, et, il faut le dire, deux esprits également portés à raffiner sur leurs sentiments, l'un en matière de pure morale, l'autre en matière de sainteté. C'est à quelques traits, on le verra, que doit se borner la comparaison, si l'on peut comparer réellement le disciple du Portique et le correspondant du duc de Chevreuse. Du reste, l'étude qui va suivre montrera mieux qu'un parallèle en forme, les points où se rencontrent, comme moralistes, deux maîtres qui, malgré la distance des siècles, ont excellé dans l'art si délicat de la direction, et écrit l'un et l'autre pour le plus grand bien de l'humanité (1).

(1) Les stoïciens, on le sait, donnent une grande place aux vertus sociales, à tout ce qui tend au salut et au bien des autres hommes.

§ II.

Fénelon et ses correspondants.

Fénelon, comme Sénèque, entretint une correspondance suivie, un commerce vraiment spirituel, non plus avec un seul ami, mais avec beaucoup de personnes qui appartenaient à la société, aux cercles mondains et même à la cour. Un critique éminent, dans l'abandon de deux causeries, a peint Fénelon « parfait et souverain directeur », instruisant et conduisant à une austère perfection la comtesse de Grammont, Mme de Montberon et, avec elles, les ducs de Bourgogne et de Chevreuse. Mais Fénelon correspondait aussi avec de simples particuliers, avec de simples pécheresses, lesquelles sont encore de bien grandes dames, si l'on en juge par les formules polies dont l'écrivain accompagne les prescriptions tantôt douces, tantôt très-sévères de sa morale. C'est à des hommes vivant dans le monde, à des gens en charge ou de profession militaire, quelquefois à des cœurs éprouvés par un deuil récent, que Fénelon adresse, sous forme d'avis, d'exhortation ou même de consolation, ces lettres dont l'amour divin, la piété pure, ou la résignation à la volonté du ciel fait tout le fond. Qu'on ne dise pas que le

C'est le mot de Sénèque : Recondidi, et fores clausi, ut *prodesse* pluribus possem... Posterorum negotium ago ; illis aliqua, quæ *prodesse* possint, conscribo » (L. VIII).

bonheur et la joie habitent nécessairement la demeure des gens de condition. Quelle erreur n'est-ce pas, lorsqu'on voit remplies de douloureuses confidences ces lettres qui sont destinées, comme autant de remèdes, à soulager d'intimes souffrances, et à guérir des blessures qu'a faites aux heureux d'ici-bas la prospérité même qu'on leur envie et qui les rend plus tristes que satisfaits ! Au déclin d'un règne qui payait sa gloire au prix de la guerre, de la disette et de toutes les misères morales, il dut se rencontrer bien des affligés à secourir, bien des cœurs abattus, bien des chrétiens aussi, agités par les angoisses du doute, et auxquels il fallait la main d'un directeur pour raffermir une volonté débile et chancelante. Or, Fénelon était ce guide que toutes ces âmes invoquaient dans le péril de leur conscience égarée, le pilote qu'elles appelaient au milieu des tempêtes, lui montrant l'abîme où elles allaient périr et l'océan du monde où elles erraient au gré de tous les vents. Celui-ci, comme le ferait un enfant, demandait à ce père dans la foi de lui apprendre l'usage de sa raison, les moyens de combattre ses penchants déréglés, et ces préceptes sans nombre dont Fénelon était si riche, et qu'il prodiguait à tous ceux qui en avaient besoin. Celui-là, chargé de sa croix et succombant sous le faix, consultait l'homme de Dieu, et, chose admirable! par la vertu même de la croix, il trouvait le calme au sein de l'agitation et de la souffrance; car, dit Fénelon, « la souffrance est un purgatoire de miséricorde en ce monde ». Aujourd'hui c'est un fils qui, peu façonné à la dépendance, éprouve quelque ennui à relever de l'autorité maternelle.

Fénelon le gagne à ses raisons, et finit par dompter le naturel hautain. La mère, à son tour, va chercher « conseils, secours et vie » auprès du maître, et elle en reçoit cette belle et simple réponse : « Tenez votre fils pour le conduire pas à pas, sans le laisser jamais rien décider à sa mode. Il est votre enfant selon la grâce et selon la nature. Dès qu'il se soustraira de votre conduite, il n'éprouvera que faiblesse et que chute, avec un grand péril d'égarement ». Demain, c'est de l'ombre d'un cloître que sortira une voix dolente qui veut être écoutée, et à laquelle va répondre le noble consolateur.

Ce n'est pas tout : Fénelon écrit aux personnes dont le cœur est malade comme à celles qui luttent contre la douleur physique ; c'est le médecin de l'esprit et du corps, et qui ne sait combien la patience agit d'une manière efficace sur les organes, et nous aide à briser les aiguillons du mal? Fénelon a des remèdes pour toutes les maladies de l'âme, car il les connaît toutes, et d'ailleurs ses correspondants se chargent d'accroître sur ce point son expérience. Tel, par exemple, s'évapore en paroles chez qui il faut combattre les discours superflus, les écarts de l'imagination, les saillies d'une nature « empressée » et d'un esprit « lent à se recueillir ». Tel autre est faible et dissipé ; il importe de le guérir de sa dissipation, de son goût pour le monde et de sa confiance en lui-même ; et il guérira, s'il consent à être simple, docile et petit parmi tant d'expériences de sa fragilité et de sa misère. Mais à quels malades Fénelon aurait-il refusé ses conseils, lui qui écrivait à l'un d'eux : « Je ne manquerai à aucune des personnes que la Providence m'envoie que quand je manquerai à Dieu même ». Voilà bien Fénelon avec son inépuisable empressement et son zèle tout apostolique. Aussi, après les solitaires, les mondains et les mondaines, venaient les scrupuleux, atteints d'une affection particulière, celle qui consiste à douter en pleine lumière, à gêner la liberté de l'esprit et à subir la servitude du sens personnel. « Que le parfait amour, leur dira Fénelon, est éloigné de ces inquiétudes! On n'aime guère le Bien-aimé, quand on est si occupé de ses propres délicatesses. Vos peines ne sont venues que d'infidélités... C'est l'effet d'une conscience rapetissée, d'une volonté qui se croit mal réglée et qui voit en tout péché imperfection, même quand elle s'est déterminée avec la meilleure foi du monde ». Quel remède Fénelon appliquera-t-il à ce mal si répandu parmi les belles âmes? « La docilité, écrit-il, est la seule ressource contre le scrupule... Les vrais enfants se taisent et font ce qu'on leur dit ». L'esprit également veut être soutenu et dirigé ; le cœur a ses défiances, l'imagination ses erreurs, ses préjugés et ses illusions. Tous ceux qui souffrent de ces maux dont l'amour-propre est la source trouvent en Fénelon un conseiller prudent, qui saura bien leur faire immoler cet amour de soi à l'amour de Dieu, le seul qui soit véritable. De même, si quelque personne mariée s'adresse à Fénelon, ce génie éclairé lui tracera une voie où elle ne saurait, si elle est docile, aboutir aux abîmes. C'est par là, justement, que triomphe le christianisme dans l'œuvre de

Fénelon ; car ces remèdes contre les maux inséparables du mariage, ni Sénèque (1) ni les philosophes païens ne les ont connus ; il appartenait à la religion nouvelle de les inventer, et de considérer l'union des époux comme un état de sainteté auquel une morale également sainte pouvait seule proposer une direction certaine et salutaire.

Non moins que la jeunesse, les vieillards, à qui l'âge est un pesant fardeau, prennent aussi Fénelon pour confident. « L'ennui, semble-t-il leur dire, ce n'est pas tant de souffrir, c'est de n'avoir plus le temps de souffrir, c'est de pencher vers la tombe et de toucher au terme de la vie ». Là, c'était l'ardeur débordante ; ici, c'est l'ardeur qui s'éteint et l'esprit qui, malgré la ruine du corps, refuse de mourir aux inquiétudes, à l'humeur, en un mot, à lui-même. Fénelon s'empresse alors de rendre tolérable à ces vieillards leur condition, qui est celle de l'humanité. Par contraste aussitôt il s'efforce d'amortir la vivacité d'un jeune cœur « qui s'échauffe pour les bagatelles de ce monde », quoiqu'il sache bien que le naturel ne se surmonte pas tout d'un coup, quand d'ailleurs le naturel, l'habitude, tout porte le cœur à l'activité et à l'empressement. Ce que Fénelon dit de la vivacité, il le dira du sentiment à des personnes qui semblent ignorer « que le grand point est de faire la volonté de Dieu pour mourir à soi ». Enfin, comme il faut mourir, et que l'on ne guérit pas de ce mal, beaucoup de malades revenus à la santé, beaucoup de

(1) Sénèque traite la femme comme un être inférieur. On sait qu'il avait composé contre elle un traité spécial intitulé *De matrimonio*.

gens que la mort effraie, recourent à Fénelon, soit pour persévérer, soit pour s'aguerrir contre leur faiblesse. « L'infirmité, leur écrit Fénelon, est une précieuse grâce »; puis il ajoute éloquemment : « Nous nous flattions de mépriser la vie et de soupirer après la patrie céleste ; mais quand l'âge et la maladie nous font envisager de plus près notre fin, l'amour-propre se réveille, il s'attendrit sur lui-même, il s'alarme ». Et plus loin : « Il y a un âge où la mort se fait considérer plus souvent et par des réflexions plus fortes ».

Enfin, si quelqu'un éprouve certains dégoûts, s'il se sent faible par son propre fond, s'il est dans la sécheresse, l'obscurité et presque l'impuissance intérieure ; s'il a besoin, quand il se trouve en paix, et ne sait ce qu'il faut faire pour s'y maintenir, d'un directeur éclairé, à qui recourra-t-il, sinon à Fénelon ? C'est à lui qu'ont recours ceux mêmes auxquels est supportable l'imperfection d'autrui ; car ce n'est pas sans peine qu'ils se résignent à travailler au bien de leurs semblables. Encore doivent-ils y apporter une circonspection nécessaire, surtout s'ils ne sont pas entièrement parfaits. Les savants quelquefois, afin d'échapper aux vains attraits de la recherche et de se modérer dans l'étude, demandent à Fénelon ses conseils. « Il faut faire jeûner l'esprit comme le corps », leur dit-il; « je m'amuse dès que je le puis et que j'ai besoin de me délasser ». Et il poursuit finement : « Ceux qui font des almanachs sur moi et qui me craignent sont de grandes dupes. Dieu les bénisse ! »

§ III.

Idée de la direction dans les Lettres spirituelles.

Nous savons quels furent les correspondants de Fénelon, et pour le soulagement de quelles maladies morales chacun d'eux s'adressait à cet habile médecin des âmes. Le moment est venu de savoir quelle idée Fénelon se fit de la direction. Un jour, s'adressant à une personne qui, étant dans le monde, voulait se convertir à Dieu, Fénelon disait: « Je ne demande pas mieux que de vous aider ». Ainsi, aider l'homme qui réclame son appui, tel est pour le directeur de conscience le fond et l'objet de sa mission ; car, dans tous les cas, « rien n'est si dangereux que de n'écouter que soi-même » (1). Fénelon fut donc un directeur, un vrai guide et « l'un des plus goûtés de son temps ». Non content de prémunir les cœurs contre les écueils du monde, comme le fait Sénèque, il vient en aide à leur faiblesse, il concourt à les engager et à les maintenir dans la voie de la perfection,

(1) Bossuet voulait « que l'on fût souple sous la main qui conduisait »... « La direction, disait-il, tournera en vain amusement, dès qu'un directeur, par mollesse et par complaisance, ploiera sous la volonté des âmes qu'il dirige... ».

Bossuet ne tient pas pour les pratiques et les moyens particuliers : « Marchez en foi et confiance, et en abondance. Il ne faut pas tant de discours pour conduire les âmes selon les voies de Dieu ». (Lettre IX, à Mme Cornuau).

et il leur apprend par principes à se détourner d'eux-mêmes afin de chercher Dieu. « Les âmes pleines de l'amour de Dieu, dit-il, ne veulent rien que ce qu'elles ont ». L'âme est-elle troublée, Fénelon la relève et la console. Est-elle en proie au doute, il la persuade et l'anime, il lui verse le nectar délicieux de la vérité. Aux nouveaux convertis il parle de persévérance, de ferme propos, de résolutions viriles. « Ne faut-il pas faire, leur dit-il, une sérieuse pénitence de vos péchés? » Chose plus délicate et où l'idée de la direction risque de s'évaporer, Fénelon montre aux âmes humainement parfaites ou près de le devenir, la perfection absolue, la pure foi, la sainteté consommée. Sans doute, c'est encore les secourir que de les enlever à la terre et d'éblouir leurs regards des vives lumières d'un amour tout divin. En est-ce assez pour indiquer d'abord l'intention du directeur et pour donner un premier aperçu de cette théorie, qui n'est si neuve que parce qu'elle est chrétienne, et qu'elle puise son principe dans l'amour de Dieu? Au contraire, celle du philosophe ancien, tout ingénieuse qu'elle soit, est simplement païenne, bornée aux conceptions de l'homme; et, si hardie qu'on la représente, elle n'atteint jamais directement à ces choses vraiment divines que l'écrivain d'un siècle de foi emprunte au christianisme.

Sénèque qui, pour la conduite des esprits, reconnaît l'utilité de la *règle écrite,* et admet la morale dogmatique, source des principes, estime encore plus, ainsi qu'on l'a très-bien dit, « cette direction particulière qui réveille les âmes et applique directement le remède à chaque maladie morale ». Fénelon, pareillement, dirige par écrit; mais, en outre, il donne pour fondement à sa direction, avec le sentiment religieux, une morale éclairée par l'étude des passions, et que la théologie rend à la fois plus grave et plus efficace. En pratique, Fénelon prend soin d'abord de prémunir ses malades contre l'amour-propre et de les dépouiller de toute délicatesse qui ne serait qu'une tentation de l'égoïsme, « trop sensible aux choses auxquelles il faut mourir ». Puis, parce qu'il est chrétien, et qu'il se propose de former l'homme sur le modèle de toute perfection, il veut que la direction ait Dieu pour objet et pour fin; que le directeur y apporte un esprit de dévouement, de charité, et non cette sécheresse laquelle marquerait de sa part moins de sévérité que d'amour-propre. « La direction, dit Fénelon, n'est point un commerce où il doive entrer rien d'humain, quelque innocent et régulier qu'il soit ». « C'est, ajoute-t-il, une conduite de pure foi, toute de grâce, de fidélité et de mort à soi-même ». Certes, nous voilà bien loin de Sénèque, de sa morale pratique et de la vertu stoïcienne, cet art subtil de devenir bon en donnant à la raison l'empire sur les passions! Avec la grâce, Fénelon et tous les maîtres de la vie spirituelle transformeront les règles anciennes, élèveront le style, et changeront réellement le point de vue de la morale. Par elle, ils sauront inventer ces expressions si simples, ces mots si pénétrants, ces sublimes sentiments, cette langue enfin de l'amour désintéressé qui aura bien ses nouveautés délicates, ses raisons spécieuses, ses raffinements, mais qui n'en est pas moins admirable dans les *Lettres spirituelles* de Fénelon.

Mais qu'adviendra-t-il si le directeur n'est point accompli, s'il agit sans goût et avec répugnance (1)? « Qu'importe, répond Fénelon, que la médecine céleste soit dans un vase d'or ou dans un vase d'argile, pourvu qu'il soit présenté de la main de Dieu, et qu'il contienne ses dons? Que voulez-vous, sinon Dieu seul? Ne vous suffit-il pas? » Le grand point aussi, c'est de rencontrer un homme qui ne « donne aucun aliment à la vie de l'amour-propre »; c'est de chercher non qui nous flatte, mais un directeur qui attaque énergiquement ce fond d'égoïsme très-vif, lequel nous empêche trop souvent de bien juger tout seuls de notre cœur. C'est pourquoi Fénelon conclut : « Malheur à quiconque est avec soi-même! Il n'est plus seul. Il n'y a plus de vrai silence dès qu'on s'écoute. Après s'être écouté, on se répond, et dans ce dialogue du subtil amour-propre, on fait taire Dieu ». Ce qui ne suffisait pas à certaines personnes trop difficiles pour elles-mêmes, et qui voulaient goûter les pures délices d'un état parfait. Alors si l'on disait à Fénelon, dans l'impatience de ses défauts toujours renaissants : « Que ferai-je? », il répondait : « Ce que vous ne faites pas et ne

(1) Fénelon pouvait parler ainsi, lui pour qui le besoin et l'art de diriger les volontés sont des dons naturels : « Jeune encore, dit E. Gandar, il avait pu s'éprouver lui-même comme supérieur des Nouvelles-Catholiques ». (1678-1689).

voulez pas faire. C'est de laisser tomber la tentation dès sa première pointe ». Il va jusqu'à dire : « Les endroits où notre main frappe ne sont jamais ceux où Dieu veut couper... c'est l'amour-propre qui est le patient. Il faut le laisser crier... Il faut demeurer immobile sous le couteau ».

Déjà l'idée maîtresse de la direction se dégage des paroles mêmes de Fénelon. Toutefois, à ces règles générales, l'auteur des *Lettres* en ajoute une autre qu'il tient pour essentielle, c'est l'indulgence que nous devons avoir pour les défauts et imperfections d'autrui. Il revient fréquemment sur cette règle : « Il faut prendre des hommes ce qu'ils donnent, comme des arbres les fruits qu'ils portent »... « Souffrez dans le prochain, dira-t-il vivement, et apprivoisez-vous avec nos misères ». En outre, afin de devenir plus parfait, il est nécessaire de s'en tenir toujours au même directeur : Fénelon fait de cette fidélité une règle de la direction. « Changer de directeur, c'est se rendre maître de la direction, à laquelle on devrait être soumis. Une direction aussi variée n'est plus une direction; c'est une indocilité qui cherche partout à se flatter elle-même ».

Cependant, il faut le redire, la règle capitale de cette direction, c'est celle qui consiste à ne se point conduire soi-même, mais à prendre un guide; car s'il est facile d'atteindre les limites d'une vertu commune, qui peut se flatter de franchir ces mêmes limites et d'arriver seul au comble de la perfection? Sans le secours d'un guide, « vous serez, insinue Fénelon, aveugle sur votre intérêt, ou sur une passion déguisée qui trouble votre paix ». Comme Sénèque, il pense que, dans le meilleur état possible, l'homme moral a besoin d'être secouru par les conseils d'un directeur qui soit moins un ami qu'un vigilant gardien. Fénelon, à l'exemple du philosophe païen (1), veut qu'on n'ait pas égard, dans le choix d'un guide, à la réputation publique. Seulement Fénelon, sage à la fois et chrétien, se fait de la direction une idée plus simple et plus profonde; avec non moins d'expérience que Sénèque, il s'élève plus haut et voit plus loin ; il lit plus clairement dans les cœurs; non content de préserver les pécheurs contre les rechutes, il prévient le mal par le soin qu'il met à en marquer la cause, que dis-je ! à écarter même les occasions de le commettre. Sans doute, dans Sénèque, la direction est un art; mais comme cet art, dans Fénelon, est plus exquis et plus propre à persuader les âmes ! Si la théorie de Sénèque est celle d'un sage, d'un esprit cultivé et d'un moraliste délié, celle de Fénelon est d'un vrai directeur de conscience, d'un chrétien affectueux, en un mot, d'un homme de Dieu.

On verra bientôt, en effet, tout ce que le christianisme inspire de tendresse et aussi de sévérité au cœur vertueux de Fénelon, et combien l'emporte par là, indépendamment du génie, le docteur nouveau sur le maître de Lucilius. En attendant, il vaut la peine de remarquer ce qu'il y a de particulier, de personnel en cette direction

(1) Sénèque dit en effet : « Eum elige quem magis admireris, quum videris, quam quum audieris ». (L. LII).

où domine l'amour divin ; cet amour auquel Fénelon veut que l'on sacrifie, non-seulement l'amour intéressé, mais encore les moindres délicatesses du sens individuel. Oui, c'est l'originalité des *Lettres spirituelles* que rien ou presque rien n'y est terrestre, et que la pratique y tient moins de place que la spéculation appliquée à la recherche d'un idéal de sainteté parfaite. On ne trouverait rien dans les *Lettres à Lucilius* qui approche d'une invention de cet ordre, parce que le plus ingénieux système de philosophie, la plus haute métaphysique, si Dieu ne lui communique son esprit, ne saurait être comparable, en ses hardiesses même, en ses efforts suprêmes, à cette doctrine chrétienne dont Fénelon est un si heureux interprète. La théorie de Sénèque, si admirable pourtant, si étonnante pour l'époque où elle parut, peut, toute mêlée qu'elle soit de vérité et de mensonge, exercer un ascendant favorable sur le cœur, suffire à la pratique d'un sage, donner même du courage à l'homme et l'enflammer pour le bien; mais qu'elle est impuissante à lui assurer la paix véritable, la liberté au sens religieux du mot, et cette élévation morale grâce à laquelle le monde ne peut plus rien sur nous ! Vous dites que votre sage, en qui certes vous n'avez pas éteint le feu de la concupiscence ni étouffé les révoltes de l'orgueil, finit, à votre école, par triompher des passions au point de leur être supérieur par l'impassibilité. Il est vrai, votre disciple a vaincu les ennemis du dehors, affranchi son âme de la servitude des désirs, assuré son repos contre la rébellion des sens; mais s'il n'a désarmé et réduit à l'impuissance l'ennemi du dedans, s'il n'est sorti de soi pour entrer dans l'indépendance et se plonger dans l'infini, il risque d'être sage aux yeux des stoïciens; il ne cesse pas pour cela d'être accessible aux illusions de son orgueil et vulnérable aux traits de l'amour-propre.

Que dirait donc un stoïque, endurci par la *tension* de tout son être et comme enivré de lui-même, si le plus humble des directeurs lui enseignait qu'il est de « l'essence d'une direction chrétienne, d'être soumis avec respect à la volonté de Dieu ; s'il l'entretenait de la mort continuelle à soi-même, des croix et des tribulations par lesquelles s'exerce la patience de l'homme ? Qu'eût dit Sénèque si, en pleine obscurité païenne, quelque docteur de la Loi évangélique eût fait briller à ses regards les clartés nouvelles, parlé de la grâce à ce philosophe, de l'humilité, de la petitesse, du renoncement, et de ces absurdités sublimes qui constituent la direction des *Lettres spirituelles ?* Sénèque à ce langage eût bientôt vu que son idéal de sagesse n'est qu'un fantôme au prix de ces chrétiens sans nombre que Dieu, les trouvant agréables à son amour, admet au rang des hommes de bonne volonté.

§ IV.

Fénelon directeur de conscience.

Il y a deux méthodes de direction : l'une consiste à exposer en les expliquant au peuple les règles de la foi et celles de la morale : c'est l'œuvre du sermon, qu'on l'appelle homélie, entretien ou conférence. L'autre consiste à guider de vive voix ou par écrit les âmes peu affermies dans la pratique du devoir, ou simplement celles qu'agite, sous des formes diverses, l'idée qu'elles ont de la vertu parfaite. C'est par la direction auriculaire ou par le commerce spirituel des esprits que s'exerce ce mode d'action sur les consciences malades. Pour nous en tenir au temps où vécut Fénelon, on peut dire que le dix-septième siècle contribua plus qu'aucun autre, grâce au ministère de ses pasteurs, à tourner les cœurs vers le bien, malgré les vices d'une époque de corruption brillante et de scepticisme religieux. Bourdaloue, par exemple, qui, dans la chaire, est la loi vivante et le maître de la doctrine, s'accorde avec l'aimable Fénelon sur le fond et sur la théorie de la direction. Il prêche ce que l'autre conseille, et le plus sévère des deux n'est peut-être pas le rigoureux Bourdaloue. Celui-ci, en ses sermons, tient pour la foi et pour l'autorité contre le relâchement et contre le doute philosophique. D'un côté, quelle attention à sauver de tout péril la tradition et la discipline ! De l'autre, quelle douceur et quelle charité ! Comme, en quelques mots, Bourdaloue trace les véritables règles de la direction : « Je n'ignore pas, dit-il, qu'une observation parfaite de la loi, je dis de toute la loi, et des moindres devoirs qu'elle nous impose, a ses peines, et qu'il faut savoir pour cela prendre sur soi-même en bien des rencontres et se contraindre; mais l'Evangile ne nous enseigne pas une autre voie de salut que la voie étroite ». Ailleurs, il marque précisément la différence qui distingue le sage selon Sénèque du vrai chrétien tel que Fénelon cherche à le former dans ses *Lettres spirituelles.* « Du moment, dit Bourdaloue, que je suis chrétien, il faut que j'aime Dieu en chrétien. Or, aimer Dieu en chrétien, c'est bien plus que de l'aimer simplement et en homme. Pourquoi? parce que c'est se charger en l'aimant, outre la loi éternelle et divine qui nous est commune à tous, de la loi particulière dont Jésus-Christ est l'auteur. Par conséquent, c'est ajouter à la charité comme un engagement qu'elle n'avait pas dans son origine et qui, dans la suite des siècles, est devenu le comble de la perfection ». Enfin, il ajoute : « Combien de fois le Sauveur ne nous a-t-il pas fait entendre que, pour embrasser sa religion, il faut renoncer au monde et se renoncer soi-même beaucoup plus parfaitement que Moïse ne le demandait? En combien de sens beaucoup plus étroits et plus sévères n'a-t-il pas interprété les principaux articles de la loi de Dieu?... Jusques à quel point n'a-t-il pas élevé, pour ainsi dire, certaines obligations naturelles? »

Ainsi, nos directeurs chrétiens, par un sublime effort de leur direction, ont franchi l'espace qui sépare l'homme naturel de l'homme religieux. Bourdaloue, on le voit, parle de l'amour divin, du renoncement au monde et à soi-même comme en parle Fénelon, et il fait reposer sur les mêmes bases que celui-ci la théorie qui doit présider à la direction des pécheurs. Si Bourdaloue eût écrit des *Lettres spirituelles*, il les aurait écrites sans doute d'après les principes par lesquels il dirigea tant de consciences, donnant à la morale une application nette et sensée et au dogme la place qui lui convient dans le gouvernement des âmes.

Quoi qu'il en soit, Fénelon, considéré comme directeur et moraliste, est tout entier dans les *Lettres spirituelles.* Son système est, à ce qu'il semble, de n'en point avoir, ou du moins de n'en point montrer. Sa théorie de la direction se rapporte à un certain nombre d'idées qui sont de l'essence du christianisme. Ce qu'il y met de son fonds, c'est d'abord sa charité tout affectueuse, puis le tour d'esprit qui lui est particulier, enfin, son beau style, mélange de délicatesse, de pur sentiment et parfois de subtilité mystique. Pour les sujets qu'il traite, il sont empruntés à l'ordre pratique, et, comme les maladies de l'âme, ils sont infiniment variés; aussi, faut-il admirer l'art savant (1) avec lequel Fénelon multiplie les pres-

(1) « Combien, dit-il, certains directeurs qui conduisent sans science ni piété, avec quelques apparences trompeuses! Combien qui n'ont qu'une science sèche et hautaine! Combien qui ont la science et la piété, mais une piété sans expérience, et qui ne connaissent que les dehors de la maison de Dieu! Combien qui n'ont que l'expérience sans science! Où sont donc les autres? Que le nombre en est petit! Où sont-ils, et qui osera espérer de les trouver? »

criptions et applique les remèdes qui conviennent à tous ces patients. C'est à une telle habileté que l'on reconnaît le bon directeur ; car la guérison parfois si difficile de certains maux ne peut venir que d'une main exercée et d'un diagnostic supérieur.

Fénelon, qui s'adresse à des mondains, gens de conditions diverses, commence par juger le monde où ils vivent, et, pour les en mieux détacher, il le leur montre tel qu'il est avec son éclat trompeur et toutes ses misères. Les peintures qu'il en fait sont d'autant plus exactes et les couleurs plus réelles qu'il connaît d'expérience cette société au milieu de laquelle il a passé une partie de son existence, et dont il reçoit même de loin les vives impressions. Or, c'est là ce monde qu'il faut quitter, sinon de corps au moins d'esprit, ce monde qui nous laissera, quoi que nous fassions, « un peu plus tôt ou un peu plus tard » ; qui est lui-même la misère, la vanité, la folie..., vaine et creuse figure, qui passe et qui va disparaître ». Le stoïque, épris de la tranquillité, prêche aussi la retraite et la fuite du monde; mais le sage de la philosophie, au lieu de chercher Dieu dans la solitude, s'y cherchera lui-même et s'y retrouvera trop bien avec tout son orgueil et toutes ses passions. Le sage de Fénelon, au contraire, s'il parvient à se séparer vraiment du monde, « se méprisera, se haïra, se craindra, se renoncera soi-même » ; et « se trouvera par là sans se chercher ».

Mais, il est trop vrai, pour opérer cette séparation, il ne suffit pas de vivre dans le monde comme n'y vivant pas, il faut encore être réellement détaché de soi et de toutes ces vues d'intérêt propre que nourrissent en nous la vanité et la complaisance. Il faut mourir (et cette expression est familière à notre auteur) à la réputation, à l'amitié, à tous ces soutiens de la nature sur lesquels s'appuie la frêle humanité. Voilà ce qui semblerait fort héroïque aux stoïciens. Quoi! mourir à ces douceurs dont se compose le plaisir de vivre! Et que diraient-ils de «cette perte de soi», si avantageuse à l'homme, de cette perte que Dieu opère, et qui « nous désapproprie véritablement ? » Que diraient-ils de cette piété sincère, et qui est parfaite, dès que l'on n'a plus « une infinité de ces recherches secrètes de soi-même » ; dès que l'on voit non-seulement des complaisances en soi, des hauteurs de l'orgueil, des recherches délicates de l'amour-propre, mais encore « mille autres replis intérieurs qui sont aussi réels qu'inexplicables? » Certes, le Portique ne pouvait exiger du sage ce que Fénelon impose aux chrétiens; c'est pourquoi, presque du vivant de Sénèque, les maximes stoïciennes allaient devenir de simples maximes de conduite; et cette vertu que l'on tenait alors pour divine n'était plus guère déjà que le plus haut degré de la sagesse philosophique.

Si Fénelon insiste avec un soin extrême sur la nécessité du dépouillement, la raison en est évidente ; c'est que sans cela il n'y a point d'humilité, et que l'humilité, en nous apprenant que nous ne sommes pas à nous-mêmes, nous soumet entièrement à la volonté de Dieu. « Vouloir tout ce que Dieu veut, le vouloir toujours, partout et sans réserve, voilà ce royaume de Dieu qui est tout intérieur ». Aussi, ajoute Fénelon, « heureux ceux qui se dépouillent de tout et même de leur propre volonté, pour n'être plus à eux-mêmes ». Ce qu'il résume ainsi : « Oh ! qu'une âme pauvre (d'esprit) est au-dessus de toutes ces âmes ferventes et lumineuses qui veulent toujours marcher dans les vertus par leur propre chemin ! » Quel sacrifice de soi exige Fénelon, et comme ce sacrifice était impossible au plus sage des païens, en qui la prudence ne pouvait suffire à le rendre invulnérable aux souffrances d'un amour-propre toujours éveillé, toujours trop susceptible pour préférer, sans le secours du ciel, à l'esprit de résistance l'esprit de résignation et d'abaissement volontaire ! Il sait parfaitement que l'esclave n'a rien à soi ; mais lui, parce qu'il se disait libre et sage, eût-il jamais consenti à reconnaître que la créature, « qui n'a de son fonds que le néant et le péché, ne doit rien avoir en propriété? » C'est que la plus belle théorie des devoirs, si Dieu en est absent, ne saurait inspirer à l'homme ce qui lui répugne essentiellement, le mépris de soi-même. Il fallait, pour lui faire accepter ce renoncement spirituel, « l'opération de la grâce qui nous détache de nous-mêmes, et qui nous arrache à notre amour-propre ». Sans doute, la grâce n'a pu nous rendre agréable ce dur sacrifice ; mais elle a mis, à côté de la douleur qu'il nous cause, la douceur de ne l'avoir pas consommé sans profit pour notre perfectionnement. Voilà bien ce qui distingue le sage selon la nature du sage selon la grâce, c'est-à-dire du chrétien perfectionné par l'Evangile.

Mais, dira-t-on, c'est l'idéal chrétien que poursuit Fénelon dans ses *Lettres spirituelles*. Assurément. Une perfection moyenne ne saurait suffire à cette âme, qui ne la veut pas plus pour lui que pour les autres. Le héros qu'il cherche, celui qu'il sépare de la foule, c'est cet intrépide enfant du Christ, supérieur au monde par son courage à souffrir ce que le monde ne sait pas endurer. Il cherche une âme qui soit capable d'apprendre à son école la vanité des plaisirs et l'efficacité des larmes, de changer sa nature lâche et molle en une fermeté indomptable, une âme qui n'ait d'autre crainte que celle des maux éternels. « On sait qu'il faut souffrir, écrivait-il, et qu'on le mérite... Il suffit d'être petit et abandonné dans la douleur. Ce n'est point courage; c'est quelque chose de moins et de plus; de moins aux yeux du commun des hommes vertueux, de plus aux yeux de la pure foi ». Telle est bien notre condition et l'idée que nous devons avoir de la souffrance, laquelle, si l'on sait en recueillir les fruits, est chrétiennement le plus sûr moyen de créer en nous la véritable humilité.

Cependant, lorsque Fénelon conseille à ses correspondants de fuir le monde, il entend par là les prémunir contre ces maximes que le monde, selon Bossuet, « imprime dans le cœur sans qu'on y pense ». Le fond de sa méthode sur ce point, c'est de leur persuader combien l'enseignement de la foi diffère de l'enseignement qui vient du siècle ; et, puisqu'il leur faut vivre au milieu du monde, l'essentiel est qu'ils s'y fassent une retraite dont rien ne trouble la paix. Mais pour trouver la paix au sein de la tribulation, une conscience pure est nécessaire, car toute la terre est un lieu d'angoisse pour une mauvaise conscience. « Je vous souhaite, écrit Fénelon à l'un de ses amis, tous les biens que vous allez chercher dans la retraite : le principal est la paix dans une conduite simple, où on ne regarde jamais l'avenir avec trop d'inquiétude ». C'est donc la simplicité d'âme que les hommes du monde doivent chercher dans la retraite, et non cette tranquillité d'âme toute passive qui est le propre des cœurs las d'eux-mêmes et incapables de goûter les charmes du vrai repos. Pour cela, il ne suffit pas de se désapproprier de soi-même, si du même coup l'on ne regarde plus « au dedans et au dehors que la seule main de Dieu qui fait tout ». Autrement le monde, voyant que nous défendons si mal notre indépendance, la confisque à son profit, nous soumet à ses lois tyranniques, et ruine en nous la volonté d'être libres sans laquelle il n'y a point de simplicité réelle. Si, au contraire, l'âme « au lieu d'être enfoncée en elle-même », « d'exercer une rigoureuse recherche de ses propres misères », s'introduit de plus en plus « dans la liberté des enfants bien-aimés », alors elle accomplira en ce monde, qui est le lieu de ses épreuves, ce que Fénelon appelle si bien le progrès, lequel n'est que la perfection dont elle est susceptible. Elle franchira les degrés successifs de son initiation à la vie spirituelle. Quels sont donc ces degrés ? « Le premier est celui où l'âme se déprend des objets extérieurs pour rentrer au-dedans d'elle-même... Dans le second degré, l'âme joint à la vue d'elle-même celle de Dieu, qu'elle craint... Dans le troisième degré, elle n'a plus de retours inquiets sur elle-même ; elle commence à regarder Dieu plus souvent qu'elle-même... Ainsi, elle est libre dans sa course parce qu'elle ne s'arrête point pour se composer avec art ». Peut-être craignez-vous que Fénelon n'exige de l'homme du monde une vertu impossible ; lui-même a pris soin de nous rassurer. « Quand un chrétien, dit-il, n'est pas encore pleinement converti, il faut sans cesse lui demander d'être sage ; quand il est pleinement converti, il faut commencer à craindre qu'il ne soit trop sage ; il faut lui inspirer cette sagesse sobre et tempérée dont parle S. Paul ». Il se peut que parfois le génie de Fénelon, égaré sur les traces des mystiques, ait raffiné sur la sainteté. N'admirez-vous pas ici, d'une part, cette méthode platonicienne par laquelle Fénelon, disciple en tout des anciens, fait monter par degré l'âme au point extrême de la perfection religieuse ; d'autre part, cette prudence, cette modération d'un directeur qui, sachant l'homme plus capable de folie que de sagesse, mesure à ses aptitudes morales les efforts qu'il doit tenter pour parvenir à cette vertu qui seule peut lui donner la paix au milieu du monde ? Il ira même jusqu'à se contenter d'une simplicité commune. « Ceux qui ne peuvent trouver le corps, dira-t-il, courent après l'ombre, et cette ombre, tout ombre qu'elle est, les charme, parce qu'elle ressemble un peu à la liberté qu'ils ont perdue. Voilà ce qui fait le charme de la simplicité, lors même qu'elle est hors de sa place ».

Telle est cette retraite que Fénelon prêche aux

hommes du monde. Il ne leur dit pas : Allez au désert pour vous y sanctifier ; quittez le théâtre du monde où tout, décors et personnages, est mobile et changeant ; fuyez, afin de le mieux vaincre, l'inévitable ennemi de votre salut. Ce langage ne serait pas écouté, parce que le monde appartient aux mondains, et qu'il s'ouvre comme une libre carrière à leur activité. Mais il leur dit comment ils doivent vivre là où les attache leur condition et leur état ; quel légitime usage ils doivent faire de leur liberté au milieu de ces chaînes tendues de toutes parts pour les asservir ; de quelle manière enfin ils pourront affranchir leur âme de toutes les contraintes qui voudraient l'assujettir. Faut-il donc pour cela se composer ? Faut-il, sous prétexte de fuir le monde, prendre un air grave, un sombre visage, et les traits de la misanthropie ? Non certes ; il convient au sage selon le Christ d'accepter simplement et sans fausse modestie les devoirs que lui impose sa vocation, de ne se séparer du monde que par l'inclination vers Dieu devenue irrésistible et parfaite, et de ne sacrifier au monde ni son indépendance ni ses intérêts spirituels. Comme la sagesse consiste à dépouiller tout amour-propre, il ne faut pas que le chrétien demeure parmi les hommes pour ne songer qu'à lui-même sans appliquer aux autres le fruit de ses vertus. De même il doit, en servant Dieu, ne chercher que le royaume de Dieu, et non son utilité personnelle ; or, il n'en va pas toujours ainsi. « Presque tous ceux qui songent à servir Dieu n'y songent que pour eux-mêmes ». Que veulent-ils, en effet, sinon gagner, posséder, croître, et cela sans jamais diminuer ; tandis que « tout l'ouvrage intérieur consiste à perdre, à sacrifier, à diminuer, à s'appetisser(1), et à se dépouiller même des dons de Dieu, pour ne tenir plus qu'à lui seul ». Théorie sévère, direction plus sévère encore, et qui pourtant est seule conforme aux règles d'une piété vive et détachée. Que peut-on lui reprocher, sinon qu'elle ne nous permet pas de transiger avec nous-mêmes, et de pratiquer à demi le désintéressement de la vertu ? Fénelon savait bien que nous n'osons pas accomplir toute la loi, et nous porter sans réserve vers la perfection. « On est sans cesse, écrit-il, comme les malades passionnés pour la santé qui se tâtent le pouls trente fois par jour... ». Le directeur ne sert tout au plus qu'à les rassurer, à leur dire qu'ils se portent mieux ; et, toutefois, ces malades trop susceptibles sur eux-mêmes ne guériront pas ou ne guériront qu'imparfaitement. Le courage leur manque, et ils languissent entre la vie et la mort. Alors qu'arrive-t-il ? « On ne fait que tournoyer dans un petit cercle de vertus communes, au-delà desquelles on ne passe jamais généreusement ».

Ainsi les conseils de Fénelon ne sont point comme ces petits remèdes bénins qui tournent en habitude, et que le médecin prescrit pour la

(1) « Plus l'homme était grand au XVIIe siècle, plus il se sentait petit devant Dieu, et les plus forts étaient les plus humbles ». V. Cousin. C'est dans ce sens tout spirituel et chrétien que la veuve d'un grand prince écrivait : « Ce n'est pas le détachement des choses de ce monde qui est si difficile, c'est la préférence pour les choses du ciel. L'action me distrait, les petitesses de la vie m'envahissent ; quelle humiliation de regarder autour de soi ! »

forme ; ce sont des conseils fortifiants, d'énergiques prescriptions qui tendent non pas à flatter la délicatesse, mais à pénétrer jusqu'aux sources de la conscience et de la vie intérieure. Il exige certains tempéraments dans l'exercice de la piété. L'homme, en effet, n'est point sur le chemin de la perfection, s'il veut que Dieu fasse toujours pour lui quelque chose de grand, sous peine de manquer l'œuvre de son salut ; il doit être, comme e dit admirablement Fénelon, « la victime d'holocauste dont il ne reste rien, et que le feu consume ».

Cependant c'est peu d'avoir cette pureté d'intention que Fénelon impose à tout chrétien, si l'on ne possède les moyens de s'y conserver « dans une vie si commune et qui paraît si amusée ». Puisqu'il est si difficile de « défendre son cœur contre le torrent des passions et des mauvais exemples du monde », comment pourra-t-on échapper à ce péril toujours imminent, à tant de piéges toujours tendus sous nos pas ? Or, c'est ici que triomphe le discernement d'un bon directeur. On échappera à tous ces dangers par la lecture, qui est une des règles les plus communes de la direction. Quelles lectures faut-il faire ? Sur ce point Fénelon s'exprime nettement. Son auteur favori, c'est S. François de Sales, « dont le style naïf montre une simplicité aimable qui est au-dessus de toutes les grâces de l'esprit profane (1) ».

(1) Bossuet conseille le plus souvent la lecture des Psaumes et des Prophètes. — Pour S. François de Sales, on peut dire qu'il est le *Père* de tous les vrais spirituels et directeurs de conscience du XVIIe siècle.

C'est l'esprit de ce « bon Saint » qu'il veut voir se répandre dans les âmes. Pour les autres livres, voici comment Fénelon les recommande à une personne qui s'en tenait à la lecture des Livres Saints : « Vous faites bien de lire l'Ecriture ; mais n'abandonnez ni l'Imitation de Jésus-Christ (1), ni les ouvrages de S. François de Sales. Ses lettres et ses entretiens sont remplis de grâce et d'expérience ». Ailleurs il y revient : « Continuez à lire les livres de S. François de Sales : l'esprit de ce bon Saint est ce qu'il faut pour vous éclairer, sans nourrir en vous le goût de l'esprit... » (2). Comme Sénèque, Fénelon conseille à ses correspondants quelques livres seulement ; car, ainsi que le dit l'auteur ancien : *Distringit librorum multitudo*. En outre, à l'exemple de Sénèque, il leur recommande les livres estimés, *probatos*, et non ces livres insipides qu'un directeur d'un esprit médiocre eût sans doute imposés à leur foi humble et docile (3). Voilà pour les lectures. Voici comment il importe de lire : « Lisez peu chaque fois ; lisez lentement et sans avidité ; lisez avec amour ». Sénèque aussi voulait que, dans la foule des choses lues, l'on s'emparât d'un trait unique, d'une pensée choisie pour la

(1) « Pour vos lectures, dit Bossuet, faites-les sans tant raffiner, par ce seul motif que la lecture est un moyen donné de Dieu pour la sanctification des âmes ».

(2) On retrouve bien des expressions qui ont passé de l'Imitation dans les *Lettres spirituelles*.

(3) V. V. Cousin, *Mme de Sablé*.

bien digérer, *quod illo die concoquas* (1). Fénelon ajoute, en directeur consommé : « Quand vous éprouvez un attrait au silence devant Dieu, et que vos lectures ou sujets font ce que vous appelez un bruit qui vous distrait, laissez tomber le livre de vos mains, laissez disparaître votre sujet ».

Parmi les remèdes que Fénelon prescrit « pour guérir », est l'oraison. « Pour l'oraison, dit-il, faites-la, non-seulement dans les temps réglés, mais encore au-delà et dans les intervalles de vos occupations, autant que vous en aurez la facilité et l'attrait... Commencez par les plus solides sujets qui vous aient touché dans vos lectures ». Prier, aux yeux de Fénelon, c'est méditer, c'est occuper l'esprit et le soustraire à la distraction en lui faisant suivre les attraits de la grâce. On doit, s'il se peut, s'accoutumer à étendre l'oraison sur toutes les occupations de la journée, travailler en paix, agir comme si l'on était en état d'oraison ; « car en effet il faut y être » (2). Et, pour que tout devienne peu à peu oraison, le mieux est de s'habituer à cette dépendance de l'esprit intérieur qui est une souffrance paisible, ou plutôt une demi-souffrance ». Sans doute il arrive qu'une certaine douceur manque à cet état d'oraison, que l'on éprouve une espèce de sécheresse par suite de

(1) Sénèque veut que Lucilius rapporte aux mœurs toutes ses lectures : *Quidquid legeris, ad mores referas.*

(2) « Ce serait visiblement tenter Dieu, dit Bossuet, que de ne s'exciter pas soi-même avec le secours de la grâce, et de croire toujours avoir besoin d'une opération extraordinaire, telles que sont celles de l'*Oraison passive* ».

laquelle l'oraison se perd. « Ne croyez pas que tout soit perdu, dit Fénelon, Dieu ne vous ôte ce plaisir que pour vous secouer peu à peu comme un enfant... La privation de cette douceur sensible ne détruit pas l'oraison ; au contraire, elle la purifie ». L'oraison est donc le remède souverain ; elle chasse l'esprit propre, et elle attire en nous cet esprit de Dieu qui conduit insensiblement à leur fin les choses les plus difficiles. Outre qu'elle soutient notre cœur, elle ouvre celui du prochain. Si nous sommes fatigués de notre esprit, c'est elle encore qui nous fait trouver le repos dans l'esprit de recueillement et de renoncement à l'amour-propre (1). Quel est donc le meilleur état d'oraison ? « L'oraison n'est jamais si pure que quand on la continue par fidélité, sans plaisir ni goût ». Il ne faut « ni s'élever quand l'oraison est douce, ni s'abattre quand elle devient sèche et obscure ». Le moyen, d'ailleurs, qu'il ne se mêle pas beaucoup d'imagination et même de sensibilité dans notre oraison ? « De là vient, conclut Fénelon, que nous sommes dans une espèce d'ivresse, quand notre imagination nous donne de belles images avec des sentiments de plaisir, et que nous sommes découragés, dès que ces images et ces sentiments flatteurs nous manquent ». Enfin tel est le pouvoir de l'oraison qu'il y faut mettre sa véritable ressource. « L'oraison bien prise vous adoucira le cœur, et vous le rendra simple, maniable, accessible, accommodant».

(1) « C'est ce renoncement à soi-même, bien pris et bien pratiqué, qui est le point difficile de notre religion ». (Bourdaloue).

Il est aisé de comprendre pourquoi Fénelon, dans les *Lettres spirituelles,* s'occupe rarement des passions et du régime moral qui leur convient : les malades, quand ils s'adressent à lui, en ont le plus souvent fini avec cet état violent et orageux où nous jettent les mouvements passionnés du cœur. Ravis à la tourmente, ils n'éprouvent plus guère que de douces agitations ; mais, si douces qu'elles soient, elles n'en font pas moins souffrir les âmes délicates, celles qui cherchent l'ombre et le repos, celles pour qui le moindre souffle de la malice humaine est une cause d'inquiétude, et qui n'ont de cesse qu'après avoir éteint ou essayé d'éteindre en elles la vivacité des plus légers scrupules. Ces scrupules, Fénelon, dans plusieurs lettres fort curieuses, s'efforce de les guérir; et voici comme il opère ce traitement si difficile (1). « Le scrupule vous dévore, écrit-il à l'une de ses confidentes, vous êtes scrupuleuse sur des bagatelles ». Voilà le mal ; d'où vient-il, sinon du défaut d'obéissance? Quant au remède, Fénelon l'indique, c'est la docilité. « Les vrais enfants, dit-il, se taisent et font ce qu'on leur dit. L'amour véritable ne sait ce que c'est d'hésiter dans l'obéissance. C'est un grand malheur de souffrir par infidélité ». Il est un remède plus énergique et que

(1) « Bossuet, dit Mme Cornuau, mettait tout en usage pour guérir les scrupules, et son attention et sa vigilance pour en préserver une âme étaient surprenantes : il prévoyait jusqu'aux moindres choses qui pouvaient seulement y tendre ; et sans presque que l'on s'en aperçût, quand on était soumis et docile, il discernait, avec une sainte adresse, cette imperfection, si capable, disait-il, d'empêcher le progrès d'une âme dans la vie spirituelle ».

Fénelon prescrit aux consciences scrupuleuses, lesquelles « ont besoin d'être poussées au-delà de leurs bornes, comme les chevaux rétifs et ombrageux »; c'est de gourmander les scrupules pour les guérir; c'est d'en triompher; mais pour cela, il faut aller au-delà des limites, chercher cette région calme et sereine où le scrupule n'ose plus tendre ses pièges, où règne la simplicité, et non ce je ne sais quoi « de double et faux », que cache le scrupule. Or, dans ces limites mêmes, se trouve la vérité, l'apaisement de la conscience, et, sous prétexte de précaution, l'on ne court plus risque de se distraire de Dieu. Hors de là est une chimère de perfection, qui pousse l'homme aux extrémités, qui le rend scrupuleux sans mesure pour des vétilles « qui n'ont besoin que d'un seul remède, qui est de les laisser passer sans y songer ». Croirait-on qu'il y avait, parmi les correspondants de Fénelon, une âme à qui il allait jusqu'à dire : « Vous ne faites aucun scrupule de tuer votre corps, de dessécher votre intérieur, de résister à votre grâce, d'être *indocile*, et de vous ronger de scrupules qu'on ne pourrait souffrir à un enfant de sept ans ». Est-ce là vivre, est-ce là sentir la vraie liberté, est-ce là enfin être au goût de Dieu? Est-ce là, comme dit Fénelon, « aller bonnement son chemin? ». La source d'un tel excès, d'une si vive inquiétude, c'est le *moi*, toujours le *moi*, qui rend le cœur si délicat. On cherche « un ragoût d'amour-propre » dans les choses où suffit une volonté toute sèche et toute nue; on court après une espèce de transport, parce qu'on est trop accoutumé à agir par inclination et à tout réduire à un certain saisissement, semblable à celui des passions grossières ou à celui que causent les spectacles. Aussi Fénelon, pour en venir à la pratique, n'hésite pas à dire : « Tournez vos scrupules contre cette vaine recherche de votre contentement dans les vertus. Ne vous écoutez point vous-même ; demeurez dans votre centre où est votre paix. Prenez également le goût et le dégoût ».

C'est, il faut le dire, un signe éclatant de la présence de Dieu en nous que ces scrupules mêmes, qui sont à la fois le tourment et la consolation des âmes, et comme l'aiguillon de la piété solide. C'est par eux que s'exerce la vertu, mais c'est par eux aussi qu'elle peut se corrompre; voilà pourquoi Fénelon, qui fuit sur ce point les extrêmes, évite d'être chimérique ou trop complaisant là où il convient d'être simplement vrai et d'une exacte sévérité. En matière de scrupules, il reste à égale distance de la facilité et des transports du zèle. Dirai-je qu'il échappe à l'esprit sectaire, tout en reconnaissant qu'il incline plutôt à l'austérité qu'au relâchement? Quoi qu'il en soit, il y a là un trait curieux de la dévotion particulière au XVIIe siècle, et une différence remarquable entre cette dévotion scrupuleuse et celle des chrétiens de nos jours. Sans médire de ceux-ci, il semble que leurs scrupules, quand ils traversent la conscience, y causent moins de trouble, qu'ils ne sont ni aussi vifs, ni aussi délicats que ceux dont paraissent tant souffrir les correspondants de Fénelon. On mesure, à cette maladie dont l'homme ne saurait guérir dès qu'il se sent faible, la distance des siècles et les divers états des âmes à telle ou telle époque du développement religieux. Que ne pourrait-on pas conjecturer d'après ce calcul, et combien ne serait-on pas surpris de voir la dévotion moins éclairée, et la vertu moins désintéressée aujourd'hui que dans les dernières années du règne de Louis XIV !

Mais il est temps d'arriver aux parties de cette vaste correspondance qui se rapportent à de plus graves sujets.

S'il est malaisé pour un directeur de donner aux scrupuleux des règles de conduite propres à « forcer leurs scrupules », qu'il est difficile de parler aux gens mariés de leurs devoirs, quand le médecin qu'ils consultent est un homme qui par vocation vit loin de cette société, où les maux du mariage ont surtout lieu de naître et de s'aggraver ! Mais rien ne saurait tromper l'œil pénétrant de Fénelon. Ce qu'il doit ignorer comme prêtre, les malades le lui ont appris. Ils lui ont dit toutes les misères qui s'attachent à l'état du mariage, et tous les périls qu'un tel état, si heureux qu'il soit, fait courir à la piété d'un chrétien. D'ailleurs Fénelon ne pouvait-il pas, avec son génie et son expérience, deviner bien des secrets qu'un mot suffisait à trahir, surprendre bien des symptômes que ne saurait toujours dérober à l'observation le plus habile des patients ? Comme le médecin, s'il est savant, aperçoit le mal sous les apparences de la santé, de même le bon directeur lit au fond des consciences et, sous les plus séduisants dehors, va saisir la plaie morale qui les consume.

Il y avait donc, parmi les correspondants de Fénelon, plus d'un mari, plus d'une femme aussi, à qui le mariage apportait maint ennui, peut-être maint dégoût, et certainement bien des difficultés. Le bonheur là, comme en toutes choses ici-bas, est de courte durée, et la meilleure union est encore la moins troublée. D'ailleurs, le mariage eût-il, pendant toute la vie, le calme et la pureté d'un beau ciel, les grandes âmes et les âmes communes, auxquelles le salut importe extrêmement, peuvent souhaiter de faire tourner l'union conjugale au profit de leur perfectionnement. Mais il est certain que les pratiques de piété deviennent, par les devoirs que le mariage impose, d'un accomplissement plus difficile, et que le monde parle bien haut à ceux qu'un lien indissoluble y enchaîne sans retour. Aussi Fénelon, qui adresse plusieurs lettres à une personne mariée, commence-t-il par la désabuser de l'esprit faux du monde. « Il n'y a point, lui dit-il, d'autre vrai esprit que la simple et droite raison ». Il ajoute même : « Vous serez heureuse, si vous dites au fond du cœur : *Malheur au monde à cause de ses scandales !* Si vous voulez que l'esprit de Dieu vous possède, n'écoutez plus le monde ». Comme cette âme à laquelle il écrit « lui est très-chère », et que sa piété est « un peu trop vive et trop inquiète », Fénelon redouble d'attention pour ne la point décourager, et pour lui apprendre à ne point craindre Dieu jusqu'à se troubler. « Laissez là, dit-il, toutes vos délicatesses d'esprit et de sentiments ». Puis il reprend vivement : « Oh ! que je serais ravi, si je vous voyais négligée pour l'esprit, comme une personne pénitente l'est pour les parures du corps ».

Au sujet « des parures », cette personne, scrupuleuse en tout, consulte Fénelon. Elle n'est pas de ces mondaines qui s'habillent exclusivement au goût du monde sans souci de plaire ou de déplaire à leur mari. C'est, au contraire, d'après le goût de celui-ci qu'elle prétend se régler. Pour les habits, « il me semble, lui dit Fénelon, que vous devez avoir égard au goût et à la pente de Monsieur votre mari ». C'est à lui à décider sur les bienséances. S'il penche à l'épargne là-dessus — peut-être la dame se plaignait-elle de quelque lésine sur ce point, — vous devez retrancher autant qu'il le croira à propos; s'il veut que vous souteniez un certain extérieur, faites par pure complaisance ce que vous croirez apercevoir qu'il veut, et rien au-delà par votre propre goût et jugement; s'il ne veut rien à cet égard et qu'il vous laisse à vous-même, je crois que le parti de la médiocrité est le meilleur pour mourir à vous-même. Les extrémités sont de votre goût ». Excellents conseils et qui de nos jours devraient bien prévaloir sur l'extravagance des modes et sur les excès de la mondanité. Quand donc les femmes mariées seront-elles avec Fénelon et du parti de la modération ? Mais que dis-je ! s'il en était ainsi « ne paraîtrait-on pas manquer de goût et parée avec un extérieur bourgeois ? » Bourgeoise, en effet, voilà ce que l'on ne veut pas être, du moins par le dehors; et ce que la correspondante de Fénelon ne consentait guère à être elle-même, quoiqu'on l'eût vue autrefois « vêtue comme les sœurs de communauté».

Il n'est pas étonnant que Fénelon, écrivant à une dame du monde, à une grande dame peut-être, touche en passant la question de la politesse et des bienséances. Sous Louis XIV, il était de bon ton non-seulement de respecter les usages, les convenances, l'esprit de sociabilité, mais encore d'en être esclave, bien plus, d'en être martyr. Dès lors, d'une préoccupation le beau monde se fit un véritable travail. La délicatesse devint extrême, et dans les paroles comme dans les actes, on mit une circonspection infinie ; car le tout, pour une femme du monde, était de plaire au monde et d'en être applaudie. Sur ce point encore, Fénelon est du parti de la mesure, ou, si l'on veut, de la sévérité contre les excès. Il n'admet pas que l'on ait d'autre occupation grave que celle de songer à son âme. « Ne soyez point, dit-il, martyre des bienséances et d'une certaine perfection de politesse. Cette délicatesse dévore l'esprit et occupe toujours une âme d'elle-même ». Rien non plus ne doit détourner une personne mariée de ses devoirs extérieurs, « autant qu'elle en conserve la liberté ». De même, si la confidente de Fénelon se laisse aller à des réflexions pénibles et humiliantes sur son état temporel, il veut qu'elle regarde ses réflexions « comme les délicatesses de l'amour-propre ». Il ajoute même avec discrétion : « La douleur sur toutes les choses est plus humiliante que les choses mêmes ». Qu'elle laisse donc tomber toutes ses pensées de doutes et de scrupules. « Laissez-les bruire — ainsi eût parlé S. François de Sales — dans votre imagination comme des mouches dans une ruche. Si vous les excitez, elles s'irriteront et vous feront beaucoup de mal ; si vous les laissez sans y mettre la main, vous n'en aurez que le bourdonnement et la peur ». Cependant, l'inquiétude devenant plus vive, Fénelon la relève, et, malgré tout, il ne saurait être en peine pour elle des choses dont elle est tout agitée, encore qu'il soit bien loin de les mépriser. Mais il voit « une grande miséricorde dans une grande misère », et il termine par ces belles paroles : « Que Celui qui commande aux vents et à la mer commande à votre imagination pour y mettre le silence et le calme ».

Par là, on peut inférer de quels maux grands et petits Fénelon sut guérir les gens mariés, et avec quelle douceur il les dirigea dans les voies de la perfection chrétienne. Il voyait sans doute l'état de mariage plus opposé que tout autre à cette paix intérieure qui, à ses yeux, est le souverain bien des âmes; il usait des plus scrupuleux ménagements à l'égard des époux, parce qu'il se rendait un compte exact des difficultés dont est remplie cette existence à deux qui forme le nœud du mariage. Aussi mettait-il toute sa prudence à cette œuvre de conciliation, toute son éloquence au service de cette cause sacrée, et ses plus délicats artifices de directeur à tromper, pour ainsi dire, sur leurs souffrances intimes les personnes du monde qui se déclaraient à lui. Là même où il s'exprime à demi-mot, il se fait aisément comprendre, et ses lettres sont pleines de traits heureux où l'on reconnaît la discrétion du religieux, l'habileté de l'écrivain et les nobles réserves de l'amitié.

Fénelon directeur excelle encore à secourir les malades et à leur apprendre le bon usage qu'ils doivent faire de la souffrance, laquelle est le partage de toutes les créatures. Or, si à l'égard des gens en santé la direction peut être sévère, elle ne saurait être assez douce à l'égard des personnes dont le corps est en proie à la douleur. Parmi les malades, en effet, les uns regimbent sous le trait; les autres, et c'est le plus grand nombre, cèdent au découragement et perdent toute espérance. C'est donc à soulager la chair, soit en fortifiant, soit même en abattant l'esprit, que s'applique Fénelon. Pour lui comme pour Pascal, les maux du corps ne sont « autre chose que la punition et la figure des maux de l'âme ». Nous devons donc les accepter en expiation de nos fautes, en sanctifier l'usage; et, parce que nous avons peut-être abusé de la santé, qui est un bien, nous devons faire de la souffrance, qui est un mal, une source de consolation, et, comme dit Pascal, « une occasion de salut et de conversion ». De plus, il faut que la maladie soit pour nous une leçon, et cette leçon serait perdue si nous n'apprenions tout ensemble à supporter le mal avec patience, et à rendre plus pures nos vertus en nous épurant au feu de la douleur. « On change tous les maux en biens, quand on les souffre en patience par amour pour Dieu ». Ainsi parle Fénelon. Mais prenons garde que l'illusion ne nous trompe sur l'utilité que nous pouvons retirer des maladies et plus généralement de la souffrance. Ne cherchons pas, avec une énergie prétendue stoïque, le repos dans un endurcissement orgueilleux. Car alors « on change tous les biens en maux ». Ne vaut-il pas mieux, puisque Dieu nous éprouve, se réjouir de l'impuissance même où l'on est réduit? » Sans cela, en effet, « l'amour-propre ne pourrait ni être convaincu ni être renversé ». D'un autre côté, il est juste de distinguer la bonne souffrance, que Dieu opère, d'avec celle qui vient du courage de l'homme. Certaines âmes, et ce sont les meilleures, ne « pensent point à bien souffrir » ; elles portent leur croix « jusqu'au bout dans une paix simple et amère, où elles n'ont voulu que ce que Dieu voulait ». Si vous leur disiez qu'elles ont bien souffert, elles ne vous entendraient pas. C'est d'une âme de cette trempe que Fénelon dit : « A peine trouve-t-elle son cœur, et elle ne le cherche pas. Si elle voulait le chercher, elle en perdrait la simplicité et sortirait de son attrait ». C'est encore dans ce sens qu'il écrit à une autre personne : « Je suis touché de ce que votre malade souffre, mais je me réjouis de ce qu'elle souffre si bien ».

Ainsi c'est à cause du bien qu'elle doit opérer en nous qu'il faut accepter la maladie (1). Pourquoi sommes-nous ici-bas, sinon pour souffrir ? Le ciel l'a voulu ainsi ; « ne repoussons donc pas sa main crucifiante ». Partout ce ne sont que des croix, et rien ne saurait nous en priver : la beauté se flétrit dans le temps où elle brille du plus vif éclat ; le corps tombe en ruine peu à peu et se charge d'infirmités, alors que l'esprit toujours vigoureux semble rajeunir dans son enveloppe usée.

(1) « Dites à ma sœur N..., écrit Bossuet, que le vrai temps d'expier ses péchés et de goûter la grâce suprême est celui de la maladie ».

Mille accidents nous préviennent des approches de la caducité. En vain nous comptons sur la fortune pour réparer nos pertes ou pour les adoucir, sur les avantages de notre état, sur la considération et le crédit qui nous entourent ; quand vient le mal, quand il est venu, c'est alors qu'il nous faut vivre avec lui, composer tristement avec ses exigences, lui montrer quand même un front résigné, au moment où la nature voudrait le maudire ; cependant, au milieu de nos souffrances, tant l'amour-propre et l'imagination nous abusent, ce n'est pas la main de Dieu, c'est, comme dit Fénelon, notre propre main qui nous porte les coups les plus douloureux. Car « l'amour-propre nous exagère nos peines et les grossit dans notre imagination ». Mais le sentiment de nos misères, l'esprit de patience nous abaisse au contraire sous la main qui nous châtie. Il nous dit que Dieu nous frappe, et nous frappe avec amour, afin de nous guérir. Ecoutez Fénelon : « Celui qui souffre sans vouloir souffrir ne trouve dans ses peines qu'un commencement des éternelles douleurs ». Ne vaut-il pas mieux dire à Dieu : « Vous m'aviez donné la santé, et je vous oubliais ; vous me l'ôtez, et je reviens à vous ». Car tel doit être le prix et l'effet salutaire de la maladie. Elle est un avertissement et un bien pour l'âme, avertissement dont le corps le plus souvent recueille aussi les fruits. Toutefois, elle n'a son efficacité réelle que si elle cherche en Dieu son véritable soulagement.

Ce langage de la douleur résignée fut-il jamais plus pénétrant que dans les *Lettres* de Fénelon ! Dans Sénèque, il est déjà bien touchant, si l'on songe que le moraliste païen n'avait pas, pour attendrir son génie, l'exemple d'un Dieu mis en croix et mourant comme le dernier des hommes. Sans doute Fénelon, que la foi inspire, trouvera des expressions d'un sublime simple là où Sénèque fera voir plus d'esprit que de cœur; il est vrai de dire pourtant qu'il s'en faut de bien peu que les deux écrivains se rencontrent sur le bon usage des maladies. L'un et l'autre, en effet, prêchent aux malades la patience et l'acquiescement à la volonté de Dieu. Comme Fénelon, Sénèque voit, dans les maux du corps, une épreuve pour la vertu; et, s'il diffère tant de Fénelon, c'est moins par la manière d'envisager les maladies qui nous frappent, que par cet accent plein d'onction où le directeur moderne est inimitable (1). Voyez avec quelle douceur Fénelon cherche à consoler l'un de ces malades et quelles paroles il prête à la résignation : « Je me tais, Seigneur, dans mon affliction; je me tais; mais je vous écoute avec le silence de mon âme contrite et humiliée, à qui il ne reste rien à dire dans sa douleur. Mon Dieu! vous voyez mes plaies ; c'est vous qui les avez faites ; c'est vous qui me frappez. Je me tais, je souffre, et j'adore en silence ; mais vous entendez mes soupirs, et les gémissements de mon cœur ne vous sont point cachés. Je ne veux point m'écouter moi-même; je ne veux écouter que vous et vous suivre ».

(1) Cf. Sénèque. Lett. XCVI, LXX, VIII, CVII. Fénelon, *Méditations pour un malade. Lettres spirit. passim ;* add. Pascal, *Pensées*, édit. Havet.

La vieillesse aussi, cette inévitable douleur, aura son tour et sa part de consolation dans les *Lettres spirituelles.* Non-seulement Fénelon s'efforcera de la rendre supportable à ceux qu'elle afflige, mais encore à ceux qui sont chargés de lui donner leurs soins. « Portez, dit-il, le pesant fardeau d'une personne fort âgée, qui ne peut plus se porter elle-même. La raison s'affaiblit à cet âge ; la vertu même, si elle n'a pas été bien profonde, semble se relâcher... ». Mais laissons de côté ce mal incurable ; demandons au directeur chrétien ses remèdes ou plutôt ses préservatifs contre les angoisses de la mort et contre l'horreur profonde qu'elle inspire à l'humanité. Aussi bien, c'est un sujet qui, par son inépuisable actualité, s'impose comme de soi à la réflexion de tous les moralistes (1).

Craindre la mort est chose naturelle à tous les êtres, mais pour chasser la crainte et produire le calme en nous, deux conditions, d'après Fénelon, sont nécessaires : aimer simplement et s'abandonner sans retour sur soi à Celui qu'on aime. Car, dit-il, « la mort ne trouble que les personnes charnelles ». Mourez à vous-même, et la mort du corps n'est plus que la consommation de l'œuvre de la grâce. Cependant, combien d'hommes, en vue d'échapper à la tristesse, évitent la pensée de la mort ! Combien n'osent la regarder en face ou clignent les yeux comme on fait aux rayons du soleil ! Fénelon leur dit alors : « La mort ne

(1) Sénèque, sur ce point, est un pur stoïcien.

sera triste que pour ceux qui n'y auront pas pensé». En vain l'on croit, par les tours et détours du plaisir, se dérober aux prises de ce cruel adversaire.— « Elle arrivera enfin cette mort, poursuit Fénelon, et elle éclairera celui qui n'aura pas voulu être éclairé pendant sa vie ». La mort venue, l'on verra ce que l'on n'aura pas voulu voir. « On aura à la mort une lumière très-distincte de tout ce que nous aurons fait et de tout ce que nous aurions dû faire ».

Mais dans quel étonnement eût été Sénèque lui-même, si, pour ajouter un dernier trait, et le plus frappant, à toutes ses belles sentences, un chrétien, un simple croyant lui eût dit : « C'est peu, comme vous le prescrivez, de penser à la mort, de la considérer d'un œil ferme, il faut la désirer! » Comment cela? (1) « On doit la désirer, dit Fénelon, puisqu'elle est la consommation de notre pénitence, l'entrée de notre bonheur et notre éternelle récompense ». S. Paul ne recommande-t-il pas aux chrétiens de se *consoler ensemble* dans la pensée de la mort? Seulement, si l'on veut trouver une consolation dans ce qui fait le désespoir du plus grand nombre, c'est-à-dire dans la nécessité de mourir, il faut consommer la mort de l'esprit « qui prépare bien à celle du corps » ; ne s'attacher à cette vie que par la souffrance et n'y trouver plus de plaisir trop sensible, ni folle vanité. « Voilà, dit Fénelon, la mort après laquelle

(1) « La mort, dit un écrivain, chez les païens, philosophes comme poètes, c'est toujours, plus ou moins, la barque à Caron...»

il ne coûte plus rien de mourir ». Et il ajoute presque aussitôt : « Sacrifiez le *moi* à Dieu ; alors paix, liberté et vie, malgré la douleur, la faiblesse et la mort même ». Bien mieux, il est salutaire aux âmes de voir de près la mort ; de s'accoutumer ainsi à faire ce qu'il faudra réellement faire bientôt. « On doit mieux se connaître, quand on a été si près du jugement de Dieu et des rayons de la vérité éternelle ». D'ailleurs, fût-on allé aux portes du tombeau, sera-t-on jamais assez détaché des choses de la vie ? N'a-t-on pas besoin d'une expérience si humiliante pour apprendre à ne point compter sur soi et sur toutes les ferveurs sensibles ? Passe encore que la jeunesse se livre aux illusions de l'avenir si large, ce semble, devant elle ; mais il y a un âge où, comme l'a déjà dit Fénelon, « la mort se fait considérer plus souvent et par des réflexions plus fortes ». Au point de vue chrétien, « il y a, dit-il encore, un temps de retraite où l'on a moins de distraction par rapport à ce grand objet ». D'où il résulte que l'impression de la mort, loin de diminuer avec l'âge, doit être vive au contraire, et nous montrer plus près l'inéluctable fin de nos jours. Quelle rude épreuve ! c'est par elle pourtant que Dieu nous désabuse de notre courage, nous fait sentir notre faiblesse, et nous tient « bien petits dans sa main ». Quel mal terrible, puisqu'il agit sur l'esprit de Fénelon au moment où il cherche à nous rassurer contre nos alarmes, comme si, chez les meilleurs même, le corps imposait à l'âme ses propres défaillances et lui défendait de guérir du plus rebelle de tous les maux.

Cependant — et c'est là un caractère propre à sa direction — Fénelon, quand il s'entretient de la mort avec ses correspondants, fait toujours taire les réclamations de l'homme périssable et charnel. « Il faut vouloir sa destruction, dit-il énergiquement, malgré le soulèvement de la nature et l'horreur qu'elle fait sentir (1) ». Puis il explique immédiatement sa pensée. « Il n'est nullement question de sentir de la joie de mourir; cette joie sensible ne dépend point de nous. Feu M. Olier, on le sait, a senti cette joie; mais combien de grands saints en ont été privés »! Que pourra donc bien nous dire Fénelon, à nous qui ne sommes que de faibles pécheurs! Sans doute il nous dira ce qu'il écrivait à l'un de ses confidents inhabile à supporter la vue de la mort : « Que la nature rejette ce calice si amer... Attendez la mort sans vous en occuper tristement d'une façon qui abat le corps et qui affaiblit la santé. On attend assez la mort, quand on tâche de se détacher de tout; quand on s'humilie paisiblement sur ses moindres fautes avec le désir de les corriger... ». Hélas ! c'est tout ce que peut dire, pour nous guérir de nos terreurs, le plus sage des directeurs! Le grand point est donc de réduire au silence ce corps toujours inquiet; cette humanité qui crie en nous, qui se croit faite pour durer, et qui voudrait être éternelle. Pour Fénelon, la mort qui tranche le fil de la vie n'est rien; ce qui est

(1) Sénèque veut également que l'on inflige au corps de durs traiements : « Durius tractandum est, ne animo male pareat ».

tout, c'est la mort de l'esprit, la seule nécessaire, la seule qui soit agréable aux yeux de Dieu. « Il faut mourir intérieurement comme dans l'extérieur. La sentence de mort est prononcée contre l'esprit, comme la sentence de justice contre le corps ». C'est-à-dire « que l'esprit meure avant les organes; alors la mort corporelle ne sera qu'un sommeil ». Dans une de ses lettres, Fénelon le prend sur un ton plus familier et non moins persuasif : « Je veux que vous ayez le goût de ma destruction comme j'ai celui de la vôtre. Finissons, il en est temps, une vieille vie languissante qui chicane toujours pour échapper à la main de Dieu ». Voilà, il est vrai, ce que dit bravement un homme depuis longtemps préparé à bien mourir; voilà ce que nous disons quelquefois, mais sans conviction, pour nous raffermir, quand ce n'est pas pour étourdir en nous la peur qui veille et ne nous lâche jamais. Sur ce sujet de la mort, Fénelon dut rencontrer bien des incorrigibles; car il y revient souvent, et sans presque varier son langage. Ses lettres alors sont comme un confort par lequel il veut relever le moral en nous, et nous rendre, sinon agréable, au moins utile, cette pensée de la mort à qui, bon gré mal gré, il faut faire accueil en vue de nos intérêts immortels.

Sénèque également, et avant lui Lucrèce et Cicéron, en termes bien différents, ont parlé de la mort et armé de préceptes contre elle et contre la douleur le sage qu'ils voulaient conduire à l'indifférence et à la résignation. Mais là où Sénèque, afin d'aguerrir Lucilius, lui donne en spectacle tous les stoïques qui surent embrasser la mort,

Fénelon se contente, on l'a vu, de citer l'exemple de feu M. Olier, le fondateur de Saint-Sulpice. C'est peu, dira-t-on, et pourtant voyez la force d'un seul nom, quand il s'agit de comparer la vertu païenne avec la simplicité vraiment apostolique! Sur la mort et sur la manière dont il convient de traiter cette incurable maladie, M. Olier en dit plus que toutes les histoires dont Sénèque se plaît à remplir ses traités de morale. Le philophe a beau s'en défendre; sous prétexte d'aguerrir son ami, il n'est point fâché de faire briller son imagination et d'exercer son bel esprit. Fénelon n'a d'autre soin que de prêcher la mort spirituelle pour mieux nous affermir contre la mort corporelle. Il ne dit pas : Méprisez la mort, mais, au contraire, tenez-la pour redoutable, et de cette terreur faites un motif de guérison et de salut. Persuadé qu'il vaut mieux préparer l'homme à bien mourir qu'à mourir en brave, comme le Portique semble le prescrire, il laisse au moraliste ancien ces glaives et ces feux, ce cortége de bourreaux frémissants, terreur des insensés et que Sénèque feint de mépriser. Plus simple et surtout plus efficace, la morale de Fénelon nous apprend à craindre la mort jusqu'au point où cette crainte est nécessaire pour se préparer à mourir. Fénelon n'a pas sans doute mis au service du corps les préservatifs aussi inutiles que nombreux dont Sénèque dresse un état pompeux, et qui ne guérissent pas même de la peur; mais il a pour l'âme des remèdes dont le sûr effet est d'adoucir les alarmes inséparables de notre condition mortelle. D'ailleurs, sur cet article où, sans trop exiger, chacun de nous veut être éclairé, Sénèque en prend trop à son aise, et sa doctrine, quoique stoïque, n'en est pas moins désolante : « La mort, dit-il, anéantit ou affranchit l'homme ». Or, telle est la question que la raison sans la grâce se pose nécessairement, et la résoudre ainsi par une semblable alternative, c'est là ce que ne peut souffrir une religion qui, comme la nôtre, n'admet point de doute sur nos destinées futures. C'est là contre que s'élève la doctrine chrétienne et le spiritualisme de Fénelon. Celui-ci, en effet, tout en faisant la part du corps, lequel est périssable, tremble à la vue du tombeau, va droit au but en subordonnant à l'âme sa frêle enveloppe, en prêtant à l'esprit cette souplesse divine qui l'élève plus haut que la terre et le détache insensiblement de tous ses liens corporels. Le philosophe païen, au contraire, en essayant de concilier Epicure et Zénon, semble prendre contre la mort des précautions qui peuvent bien donner du cœur pour franchir le pas redoutable, mais qui ne sauraient prévenir le perpétuel retour de nos inquiétudes. Au lieu de livrer combat à l'esprit, d'amortir son ardeur, d'éteindre sa vivacité, et, par cela même, de calmer l'impatience de la chair, au lieu de mettre l'âme en paix avec elle-même, et de lui rendre la mort saintement souhaitable, Sénèque s'efforce, mais inutilement, de traiter le corps, quand c'est l'âme qui est malade, de rendre la mort tolérable en inspirant aux hommes le mépris de la vie, quand il faudrait plutôt user de la vie même comme d'un adjuvant pour mépriser la mort et ses affres terribles. De cette contrariété des deux doctrines résulte, d'un côté, le désir de la mort ou pour s'affranchir de la vie ou pour y trouver l'anéantissement; de l'autre, ce même désir pour échapper aux liens du corps et trouver dans la mort le principe de la véritable vie. On le voit, la différence devait être fondamentale, et le Portique, avec tous ses beaux exemples et ses prétentions théâtrales à l'impassibilité, n'a pas vu, tant s'en faut, aussi loin que le plus simple des chrétiens qui, regardant au dedans de lui-même, discerne essentiellement un esprit fait pour un autre univers, un cœur né pour d'autres amours.

Il est juste pourtant de rendre à Sénèque un hommage qu'il mérite : il a beaucoup parlé de la mort au lendemain des plus beaux trépas. Montrer à l'homme qu'il peut, de sa vertu seule, faire une fin digne des sages, c'était déjà présumer grandement de la supériorité de l'âme sur les organes; c'était donner au premier des êtres vivants une idée de sa prééminence. Aussi est-il permis de considérer Sénèque comme le croyant sincère d'une époque et d'une religion finissantes. S'il dogmatise sans affirmer rien de positif, le fait est qu'il ne hasarde aucune négation absolue. Au prix de Lucrèce, il est en pleine lumière, puisqu'il parle d'affranchissement, d'immortalité, et qu'après tout il prêche la nécessité de bien vivre afin de mourir noblement. S'il n'a pas entrevu, comme Cicéron, quelque vague espoir d'une vie meilleure conquise par la vertu, et s'il a trop borné sa vue aux horizons de la terre, du moins n'a-t-il pas fait un dogme du désespoir, et dit à Lucilius ce qu'un poète de dix-neuf ans chanta un jour effrontément à la jeunesse de son temps :

> ...« Pour moi, j'estime qu'une tombe
> Est un asile sûr où l'espérance tombe,
> Où pour l'éternité l'on croise les deux bras,
> Et dont les endormis ne se réveillent pas (1) ».

Cette folie du nihilisme, il est vrai, devait avoir ses intervalles lucides. Au mépris d'Horace et du vieil Épicure, le même poète ouvrit son cœur à « l'immense espérance ». Lui aussi, malgré soi, il leva les yeux au Ciel, car il avait senti au fond de son âme dévastée ce Dieu que « les voiles du monde » dérobent à nos regards.

Sur d'autres sujets encore, Fénelon, directeur de conscience, se rencontre avec le moraliste ancien. C'est ainsi que l'un et l'autre s'occupent de l'emploi du temps, de la tristesse (2), de l'indulgence qu'il faut avoir pour autrui. Comme Fénelon, Sénèque ne conseille-t-il pas à son ami une sorte d'examen de conscience où il passe en revue les fautes dont il a pu se rendre coupable (3)? Mais il est un mot qui revient très-souvent dans les *Lettres spirituelles*, l'amour-propre, que Fénelon appelle aussi la curiosité. C'est le défaut capital, celui qu'il attaque sans relâche, et dont il

(1) A. de Musset.

(2) Bossuet revient très-souvent sur la *tristesse* dans ses lettres de direction à Mme Cornuau.

(3) V. *Revue des Deux-Mondes*, un article fort remarquable de M. C. Martha sur *un Précepte pythagoricien*.

s'efforce de prévenir les effets sur la complexion morale de ses correspondants. On peut dire de l'amour-propre qu'il est le mal dominant aux yeux de Fénelon, puisque celui-ci fait dépendre de la guérison d'un tel mal la santé du malade et le repos de sa conscience. Il n'est pas étonnant, d'ailleurs, de rencontrer ce mot fatal dans les écrits d'un moraliste qui fait de l'amour de Dieu le fondement de sa direction, et qui n'a pas craint de disserter subtilement sur le pur amour. Non content de poursuivre l'amour-propre dans les *Lettres spirituelles*, dans son *Manuel* de piété, et de le harceler comme un ennemi, il s'acharne sur lui jusque dans la chaire sacrée (1); il ne cesse, en un mot, de le combattre là où il se montre, c'est-à-dire en tout temps et en toute circonstance. Il le peint avec ses délicatesses infinies, avec ses artifices et ses complaisances, prenant la figure de l'intérêt propre et toujours prêt à résister aux mouvements de la grâce. Aussi quel parti Fénelon sait tirer de l'amour-propre pour la direction et la conduite des âmes ! Comme il en connaît la nature et les habitudes! Comme il en devine les motifs et les manéges, tout enveloppés qu'ils soient de prudence et de circonspection! Quel art il porte dans la description de ce vice si habile à varier ses attitudes, si vif à changer de forme et d'aspect, à surprendre l'applaudissement du monde et les suffrages de la vertu ! On sait tout ce que le Portique a pensé et dit de l'orgueil, de quelles armes

(1) V. les *Plans* qui nous restent de ses sermons.

brillantes Sénèque s'est servi pour le combattre; mais quoi qu'il ait fait, le moraliste ancien n'a pu toucher que l'enveloppe et n'a pas pénétré jusqu'au cœur de ce redoutable penchant. Lui et les siens ont épuisé leurs traits contre ce puissant instinct qu'ils n'ont point chassé de l'âme de leur sage. Devenu plus traitable et non moins dissimulé que naguère, il est toujours le même, aussi animé à détruire l'édifice du bien, qu'il s'agisse du chrétien ou des dévots du polythéisme. Il a même éveillé plus de défiance chez nos moralistes; et, s'ils ont eu à guérir les maux qu'il a causés, c'est particulièrement dans le cœur des grands, que leur condition dispose surtout à lui donner créance. De là, cette attention vigilante que déploie sur ce sujet l'esprit si alerte de Fénelon. De là, ce système ingénieux qu'il applique avec tant de mesure afin de ruiner un si rude et si perfide adversaire. A voir les efforts qu'il tente contre lui, on sent bien que Fénelon met à le vaincre tout le prix de sa direction. Là où il subsiste, il n'aperçoit ni conversion ni repos pour les âmes; et, s'il faut tout dire, il n'y a pas de mal qu'il redoute à l'égal de celui-là. Ni l'âge, ni le sexe ne le rassure, car l'amour-propre est de tous les âges et se développe chez toutes les personnes: il est l'ennemi commun et l'assaillant universel. Fénelon, qui le sait, agit sur ce point comme un médecin expérimenté: il applique de simples calmants aux maladies communes; mais quand il est question de l'amour-propre, il tranche dans le vif s'il le faut, et fait de larges incisions dans la plaie pour mieux la guérir.

En commençant, Fénelon qui craint de subtiliser sur une matière si délicate et de manquer le but qu'il doit atteindre, fait de l'amour pur une réalité. On verra plus tard si Fénelon n'a point cédé, sans le vouloir à la force des illusions. « Remarquez là-dessus, dit-il, deux choses : l'une, que tout ceci n'est point une subtilité creuse, car Dieu fait passer réellement l'âme par ces épreuves d'elle-même, et ne la laisse point en repos jusqu'à ce qu'il ait ôté à son amour tout retour et tout appui en soi ». Ainsi, le comble de la perfection pour une âme est d'épurer sans cesse et jusqu'au fond l'amour plus ou moins grossier que tout homme a pour soi. Or, afin de réaliser cet idéal, on dirait presque ce maximum infini de pureté, il faut d'abord se défendre contre l'attachement aux lumières et aux goûts sensibles, car c'est là un piége très-dangereux et une voie toute remplie d'illusion. « Ceux qui suivent l'attrait de l'amour dénuant et de la foi pure, sans rechercher des lumières et des goûts pour s'appuyer, évitent ce qui peut causer l'illusion et l'égarement ». Sentir Dieu et ne se plus sentir soi-même, tel est le parfait état d'une âme « qui ne s'arrête pas dans la voie de la mort et qui persévère jusqu'à la fin ». Où donc, dirai-je, se trouve le pur amour ? « Le pur amour, répond Fénelon, n'est que dans la seule volonté ». Il est dans la volonté détachée de toute imagination. « Alors paraît-il, l'amour est chaste, car c'est Dieu en lui-même et pour lui-même ».

La marque la plus certaine d'une âme qui se dépouille de son amour-propre, c'est un entier abandon à la volonté de Dieu, d'où naît la simplicité et le bon usage des croix (1). « Toutes les peines, dit Fénelon, ne viennent que de l'amour-propre : c'est l'amour-propre qui veut, qui hésite, qui résiste, qui souffre, qui compte ses souffrances, qui varie dans les occasions et qui empêche la paix parfaite des âmes délivrées d'elles-mêmes ». Donc, s'abandonner à Dieu, c'est se faire petit, par conséquent docile, et c'est grandir en perfection. Heureux donc qui est simple dans la main du Seigneur ! qui voit dans le châtiment la correction du cœur et des sentiments ! Heureux enfin qui va toujours mourant de plus en plus, qui demeure sous la dépendance de Dieu et accepte en soi la mort volontaire ! Cette mort enfante la vraie piété ; par elle on veut tout ce que Dieu veut. « Détachez-vous, dit Fénelon, abandonnez-vous !.. (2). Les paroles de Dieu au cœur sont simples, paisibles et nourrissent l'âme, lors même qu'elles la portent à mourir ; au contraire, les paroles de l'amour-propre sont pleines d'inégalités, de trouble et d'émotion, lors même qu'elles flattent ». C'est dans le même esprit qu'il ajoute : « Voulez-vous éviter l'illusion ? soyez docile ; ne cherchez point ce qui flatte votre amour-propre ;

(1) « Le dépouillement seulement par rapport à soi est une chose souvent bien creuse et une dangereuse pâture de l'amour-propre ». Bossuet.

(2) « Devenez petite, dit Bossuet à Mme de Maisonfort ; aimez les petites observances comme les grandes... Si vous ne devenez petite, mais très-petite, les sublimités de l'oraison vous seront ôtées ».

renoncez à ce que Dieu ne vous donne pas ; n'écoutez ni vos dépits , ni vos tentations de reprendre les vanités et les amusements du monde ». Tel est, on peut le dire, le ton juste, l'accent ordinaire de cette direction toute spirituelle. Elle se compose de précautions, de conseils et d'avertissements ; mais à la douceur est mêlée une énergie, une vertu singulière, et d'ailleurs elle ne sait ni flatter ni favoriser les faiblesses de l'intérêt et de l'orgueil.

Ce qui est frappant, c'est l'habileté avec laquelle Fénelon applique l'amour de soi à notre perfectionnement. Comme il sait quelle est notre inclination à nous attacher aux choses périssables, il profite de ce penchant pour diriger nos affections vers le seul être qui persiste et ne change point. L'objet de notre amour, ce ne sera plus le *moi* « qui est le grand séducteur » ; ce ne seront pas les créatures ou ce monde passager, ce sera Dieu, l'objet suprême auquel appartiennent « toutes lois et toute indépendance ». La théorie de la direction, dans les *Lettres spirituelles*, repose sur ce principe et s'explique en sa nouveauté par ces efforts constants que fait le directeur pour substituer en nous un objet à l'autre ; ou, si l'on veut, pour chasser du cœur ce *moi* dont il est nécessaire que Dieu prenne la place. Tandis, en effet, que l'amour-propre nous enchaîne à la vie, l'amour pur nous en détache ; c'est lui qui élargit le cœur, quand l'amour-propre tend à le resserrer. La direction païenne eut-elle jamais de si hautes pensées sur la nature de ces deux amours ? Qui pouvait lui apprendre que tous nos maux, que toutes nos maladies morales naissent de l'orgueil et meurent avec

le monde et les maximes du monde, s'emparant de notre cœur, y font régner l'orgueil et la lâcheté. « On les a vus, s'écrie Fénelon, ces insensés mondains, au moment de la mort, abattus, tremblants et découragés; ils avouent l'illusion dans laquelle ils ont vécu et déplorent leur erreur. Ils passent même souvent d'une extrémité à l'autre, et, après avoir été sans respect pour la religion, ils deviennent lâches et superstitieux ».

Que doit-on conclure de tout cela, sinon « qu'il n'y a que l'amour de Dieu qui puisse nous faire sortir de nous-mêmes ». — « Il n'y a point de milieu, ajoute Fénelon, il faut rapporter tout à Dieu et à nous-mêmes ». Or, rien n'est plus contraire à la grâce du renoncement que cet orgueil philosophique et cet amour-propre déguisé en générosité mondaine; que tous ces dons naturels que nous avons reçus, mais qui tournent contre nous si nous ne savons en user pour notre perfectionnement. Non-seulement donc il faut renoncer à son corps, ce qui est affreux, mais encore à son esprit : « Dieu veut qu'on ne tienne à rien qu'à lui-même, et qu'on ne s'attache à ses dons, quelque purs qu'ils soient, que suivant son dessein, pour nous unir plus facilement et plus intimement à lui seul ».

§ V.

Du mysticisme et de quelques subtilités dans les Lettres spirituelles.

Fénelon, dans les *Lettres spirituelles*, où il est le plus souvent pratique et raisonnable, a quelquefois pourtant le tour d'esprit et par conséquent certaines illusions propres au mysticisme. Le mysticisme de Fénelon est essentiellement moral et religieux, et il a pour principe l'impuissance et la faiblesse de l'homme. Comme tous les mystiques chrétiens, il n'admet pas que la raison seule puisse saisir la vérité, et que la volonté sans la grâce soit capable d'aimer le bien et de le pratiquer. De là, cet appel si éloquent, si persuasif, qu'il fait aux lumières de la foi, afin d'éclairer la raison qui, toute seule, risquerait de ne pouvoir résoudre le problème de la connaissance. Avant lui, Pascal avait dit : » Nous connaissons la vérité, non-seulement par la raison, mais encore par le cœur ». — « C'est de cette dernière sorte, c'est-à-dire par sentiment, que nous connaissons les premiers principes, et c'est en vain que le raisonnement, qui n'y a point de part, essaie de les combattre» (1). Fénelon tient aussi pour la faiblesse de la raison, et donne au cœur le pas sur elle, quand il s'agit des objets de la connaissance; et il dirait plutôt comme Pascal : « C'est le cœur qui

(1) Pascal. *Pensées*. Edit. Havet, p. 150.

sert Dieu, et non la raison. Voilà ce que c'est que la foi ; Dieu sensible au cœur, non à la raison ». Or, la raison abdiquant au profit de la foi, n'est-ce pas là le caractère le plus général du mysticisme; de cette doctrine où, selon la nature des esprits, l'extase se mêle plus ou moins à la subtilité du raisonnement, et le raffinement du langage aux illusions de l'imagination? Fénelon, dont l'esprit est merveilleux, porte en général dans la dévotion une mesure exacte; cependant, quoiqu'il ait dit : « c'est par l'imagination qu'on s'égare », sa belle imagination n'a pas su fuir tout excès ni maintenir un équilibre parfait entre les forces de la raison et les exigences de la foi. Quelquefois, dans ses *Lettres spirituelles*, il tombe en cette sorte de raffinement qu'il appelle l'évaporation de l'esprit, abuse de l'abstraction et cesse d'être accessible à l'entendement, lequel, comme dit Bossuet, « repousse et le langage exagératif et les expressions exorbitantes ».

Mais le plus souvent Fénelon parle la langue des vrais mystiques, parce que, tout en faisant une juste part à la raison, il la soumet, comme faible et impuissante, au joug de la foi, et que celle-ci, tenant essentiellement du divin, veut être proposée à l'homme sous les plus belles formes que puisse revêtir l'éloquence religieuse. Si donc il se défie de la raison, c'est qu'elle est le siége de l'orgueil d'où naît l'amour intéressé. Voilà pourquoi il s'efforce de dégager la foi de ces liens où l'assujétit la raison; voilà pourquoi il entreprend de régler en leurs écarts les mouvements passionnels, inclinant la volonté au bien et purifiant l'amour-propre au creuset de l'amour divin (1). « La raison se croit sage, dit-il, elle se trompe; elle pense être dénuée de tout motif intéressé; mais prenez garde qu'au moment même où, par une modération pleine de courage, elle renonce à la jouissance de tout ce que le monde a de plus flatteur, elle veut jouir de sa modération même ». Il faut donc qu'elle s'abandonne sans réserve, qu'elle se désapproprie, qu'elle soit docile et qu'elle immole son propre vouloir à la volonté divine. C'est à ce prix qu'est le solide renoncement, et, « c'est en s'obstinant de se rechercher et de vouloir posséder à sa mode, qu'on se perd en Dieu (2) ». Se perdre en Dieu, voilà bien le vrai langage du mysticisme, langage de croyant convaincu, et non de rêveur égaré par l'illusion. L'extase parle bien autrement. C'est peu qu'elle se perde en Dieu, qu'elle prétende s'élever jusqu'à

(1) V. un écrit de la sœur Cornuau, sur l'amour divin (Œuvres de Bossuet, t. 27, édit Lachat).

(2) « Se perdre en Dieu, dit Bossuet, c'est s'oublier soi-même pour n'avoir le cœur occupé que de Lui, et s'absorber dans l'infinité de sa perfection, par une ferme foi qu'on ne peut ni rien penser, ni rien faire qui soit tant soit peu digne de Lui».—S. François de Sales, quelle que soit sa dévotion, ne se jette pas non plus dans les illusions du mysticisme : « Il y a certaines choses, dit-il, que plusieurs estiment vertus, et qui ne le sont aucunement..., ce sont les extases ou ravissements... Nous n'avons pas entrepris de nous rendre sinon gens de bien, hommes pieux, femmes pieuses; c'est pourquoi il nous faut songer à cela. Que s'il plaît à Dieu de nous élever jusques à ses perfections angéliques, nous serons aussi de bons anges; mais, en attendant, exerçons-nous simplement, humblement et dévotement aux petites vertus ». (*Introduction à la vie dévote.*)

Lui et le voir en quelque sorte face à face, ce qui est la marque de tous les mystiques ; elle se réfugie dans la pure foi, se passe du secours de la raison et s'éblouit de ses propres visions. Emportée sur les ailes du sentiment, ou plutôt du sens propre, elle n'arrête son vol qu'aux régions idéales où n'arrive plus la voix du sens commun. Qu'il y a loin de ces extravagances au mysticisme de Fénelon, malgré certaines subtilités qu'il tenait de son commerce avec les mystiques espagnols ! Comme il soupçonne que la nature est le grand obstacle à notre perfection, il renferme la raison dans le cercle de ses attributions, donne à la foi le rôle principal, parce que seule elle peut nous faire mourir aux illusions de l'amour-propre. N'est-ce pas là un mysticisme mesuré, et, pour ainsi dire, imposé par la dignité de notre âme et par la sublimité de nos destinées ? Fénelon a-t-il donc tort, sachant la faiblesse de l'homme et son impuissance, de mettre un frein aux emportements de l'orgueil, et de tourner le bon usage de la raison au profit de nos progrès dans le bien ? A-t-il jamais songé, ce maître de la vie intérieure, à nous absorber dans ces nuages où l'homme, n'étant plus qu'un pur esprit, fait l'ange, quand il lui faut, hélas ! compter avec ces liens de toutes sortes qui l'enchaînent à la terre ? Combien alors ne s'expose-t-il pas à faire la bête, cet homme dont Fénelon, moins ambitieux, voudrait, dès ce monde, affermir la vertu contre les assauts de l'orgueil, pour en faire un chrétien parfait et digne des regards de Dieu ? Les extatiques, il est vrai, suivent les attraits du divin et les nobles séductions d'une foi dévorante ; mais s'ils sont ainsi très-capables d'épurer en eux les passions et les mouvements intéressés de l'amour-propre, sont-ils bien capables d'opérer ce bien dans les autres, et de diriger vers la perfection des hommes qui, d'ordinaire, se laissent plus aisément persuader par les raisons sensibles et pratiques que par les subtilités et les raffinements d'une parole pleine de recherche et de mystère?

Fénelon eût perdu tout le fruit de sa direction, s'il eût glissé sur la pente où les mystiques purs se sont laissé entraîner. Il ne le fit pas et demeura, sauf quelques exagérations, raisonnable et vraiment efficace (1). Il évita, du moins, ces hardiesses d'imagination qu'il avait portées en d'autres ouvrages, et ses vues de moraliste chrétien l'ont défendu, dans les *Lettres spirituelles*, des erreurs de la spéculation. Si donc il raffine par accident sur la sainteté, c'est qu'il reprend, sous une forme pratique, les idées favorites qui le firent condamner ; c'est que le sens propre avec ses illusions l'emporte encore d'instinct sur les réclamations du sens commun. Mais suivez bien le développement de sa méthode, en ces *Lettres* fort nombreuses qu'il adresse aux particuliers ; il est rare qu'il se perde en vaines paroles, en expressions subtiles, et qu'il s'évapore; il est rare que la plus droite raison cesse d'être satisfaite et que le directeur cesse d'agir utilement sur les esprits. Voici, par

(1) Sur l'amour pur, il pense, au fond, comme Bossuet, pour qui le pur amour consiste proprement à aimer Dieu par ses dons.

exemple, quelques-uns de ces passages où Fénelon nous semble *exagératif* et raffiné (1) : « On ne prie jamais si purement que quand on est tenté de croire qu'on ne prie plus ». Ou bien : « On ne devrait craindre que de se laisser aller à la désolation de la nature lâche, à l'infidélité philosophique, qui veut toujours se démontrer à elle-même ses propres opérations sur la foi ». Qu'est-ce que cette *infidélité philosophique?* Qu'est-ce aussi que ces *désirs impatients de voir et de sentir pour se consoler?* Sans doute, il en est d'autres de cette sorte, que l'on croirait empruntés aux livres mystiques de Ste Thérèse ou de J. de la Croix. Pourquoi les relever parmi cette foule de *Lettres* d'une clarté si vive, d'un tour si pénétrant? Car, en toute chose, Fénelon reparaît avec ses frappantes qualités; et, dans ses *Lettres* surtout, n'oublions pas qu'il veut être entendu comme il veut être senti. Si d'aventure il subtilise, prenez garde qu'il ne laisse pas, tant sa langue est limpide, d'être précis et intelligible. Seulement, en mystique touché de l'esprit divin, il perd de vue ce monde et se plonge un instant dans l'infini. Rarement il s'enveloppe de mystère, et il ne faut alors qu'une pure foi pour le comprendre, un cœur pour goûter toute la douceur et toute la force de ces pures méditations.

C'est au contraire le penchant, comme aussi le

(1) Sur la *désappropriation* des dons de Dieu que Fénelon recommande quelque part, Bossuet dit que ce n'est que raffinement. « Je sais, ajoute-t-il, que les spirituels des derniers siècles se sont servis de ces termes ; mais, si on ne les entend sainement, on tombe dans de grandes erreurs ».

danger, du mysticisme extatique d'incliner moins à la pratique qui dirige les âmes qu'à la spéculation pure qui peut les égarer. Au lieu de compter pour ce qu'elle vaut cette raison dont le moraliste nous montre le bon usage, le mystique dont je parle, s'exaltant, supprime les degrés par lesquels l'homme s'élève à la vertu, et le tient pour parfait avant qu'il ait tenté par lui-même d'arriver à la perfection. Aussi, est-ce plutôt à des saints qu'à des pécheurs que sied une si belle doctrine. Pour en profiter, il faudrait au moins qu'elle se fît connaître, et, pour cela, qu'elle fût accessible; or, par son langage et par ses idées, elle est la doctrine du petit nombre, parce qu'elle suppose, avec une vertu rare, une intelligence des vérités supérieures dont peu d'esprits sont d'abord capables. D'ailleurs un tel mysticisme demande une volonté soumise, un cœur dompté et un ensemble d'énergies morales que l'âme acquiert par un progrès lent et insensible.

Est-ce là connaître l'homme, et le mystique, s'il n'est raisonnable, peut-il heureusement remplir le rôle de directeur de conscience ? Fénelon aurait-il enchaîné tant de cœurs au charme de sa parole, fait une règle de sa morale, et réellement dirigé les âmes, s'il n'eût gardé, d'ordinaire, dans ses *Lettres*, un juste équilibre entre ces deux puissances trop souvent ennemies, et qu'il faut pourtant maintenir en harmonie, c'est-à-dire la foi et la raison ? Suffisait-il à l'écrivain de raffiner sur son langage, de subtiliser sa pensée pour paraître profond, et ne devait-il pas, au contraire, mettre tous ses soins à être clair, touchant et persuasif ? Loin de se complaire avec délices dans ses extases, ne devait-il pas se tenir tout près de la terre, et créer doucement en nous ce désir merveilleux qui nous porte vers le Ciel ? En un mot, pouvait-il être, sous peine de manquer à sa mission, autre chose que ce qu'il fut, spéculatif admirable et praticien consommé ?

C'est ce mélange de spéculation et de pratique qui donne au mysticisme de Fénelon un caractère unique d'agrément et d'utilité. La théologie, dans les *Lettres spirituelles*, ne fait pas tort à la morale. La doctrine, tempérée d'expérience, ne coûte aux esprits qu'un effort raisonnable pour être comprise. Du reste, elle n'a de profondeur que ce qu'il lui en faut pour être solide, et rarement, on le répète, elle va jusqu'à la chimère et l'éblouissement. Tout au plus, pourrait-on reprocher à Fénelon de porter trop d'imagination dans les matières de foi ; mais comme on lui pardonne ces innocentes saillies d'un beau naturel en faveur de son prosélytisme ! Comme on sent bien qu'il poursuit, dans les endroits où il s'élève le plus, non « un fantôme », mais un idéal de vertu noble et parfaite, digne à la fois d'animer l'homme au bien et de solliciter l'effort de toutes ses facultés morales !

En outre, il ne faut pas oublier pour quels esprits les *Lettres* furent composées, et combien ces formes, ce langage d'un mysticisme tempéré étaient goûtés d'un monde que son éducation et ses principes religieux semblaient prédisposer à la séduction de leurs attraits. Faut-il s'étonner si le directeur ayant à traiter de tels malades, ne craint pas d'emprunter les formules de sa thérapeutique à l'ordre le plus relevé des idées morales, et de prendre l'accent presque sublime des théologiens? D'ailleurs, n'y a-t-il pas, ainsi qu'on l'a dit « du poète, du prophète et du saint dans le vrai mystique? » (1) Or, Fénelon est un peu tout cela dans ses *Lettres spirituelles*, inventif, inspiré, pieux comme un ascète, et, pour le dire, le plus aimable des moralistes chrétiens. Ecoutez plutôt ce passage choisi entre mille, et où Fénelon directeur se trouve tout entier :

« Quand le monde ne devrait point finir, il vous laissera, quoi que vous fassiez, un peu plus tôt ou un peu plus tard ; qu'importe? Encore un petit nombre d'années qui s'écouleront rapidement comme l'eau, qui disparaîtront comme un songe; la jeunesse sera passée, le monde se tournera d'un autre côté ; il méprisera avec dégoût ceux qui n'auront pas su dans le temps le mépriser lui-même. Ce temps s'approche, il vient, le voilà ! Hâtons-nous de le prévenir. Aimons l'éternelle beauté qui ne vieillit point et qui empêche de vieillir ceux qui n'aiment qu'elle; méprisons ce monde qui tombe déjà en ruine de toutes parts. Ne voyons-nous pas que, depuis tant d'années, les personnes qui étaient dans les mêmes places, surprises par la mort, sont tombées dans l'abîme dévorant de l'éternité? Il s'est élevé comme un monde nouveau sur celui qui nous a vus naître.

(1) Saint-René Taillandier.

Si peu qu'on vive, il faut chercher d'autres amis après avoir perdu les anciens. . ». Ailleurs : « Rien n'arrive sur la terre que Dieu n'ait voulu. C'est lui qui fait tout, qui règle tout, qui donne à chaque chose tout ce qu'elle a. Il a compté les cheveux de notre tête, les feuilles de chaque arbre, les grains de sable du rivage et les gouttes d'eau qui composent les abîmes de l'Océan ». Enfin, dans le ton du mysticisme adouci et mitigé qui est celui des *Lettres spirituelles :* « Pour entrer dans la fin essentielle de notre création, il faut préférer Dieu à nous et ne vouloir plus notre béatitude que pour sa gloire; autrement, nous renverserions son ordre. Ce n'est pas l'intérêt propre de notre béatitude qui doit nous faire désirer sa gloire, c'est au contraire le désir de sa gloire qui doit nous faire désirer notre béatitude, comme une chose qu'il lui a plu de rapporter à sa gloire. Il est vrai que toutes les âmes justes ne sont pas capables de cette préférence si explicite de Dieu à elles; mais la préférence implicite est au moins nécessaire, et l'explicite, qui est la plus parfaite, ne convient qu'aux âmes à qui Dieu donne la lumière et la force de le préférer tellement à elles, qu'elles ne veulent plus leur béatitude que pour sa gloire ».

Ici, Fénelon, raisonnant sur le fond du christianisme, parle le langage de la théologie, langage sans parure, serré et purement démonstratif ; là, déployant l'imagination des moralistes, il mêle les grâces du sentiment au discours sobrement orné de la persuasion. Mais, soit qu'il s'élève aux plus graves conceptions de l'esprit, soit qu'il s'arrête à la sphère des vérités moyennes, Fénelon, par un privilége de son génie, est, au point de vue du mysticisme, aussi loin des nuages que du plat terre-à-terre; ses illusions, et il en a (1), naissent du tour d'imagination qu'il donne à la piété, plutôt que des erreurs ou des nouveautés de sa direction. Cette sécheresse même, dont il a conscience et dont nous parlerons bientôt, est l'effet d'une vertu qui ne se pardonne rien, et non d'un dogmatisme inflexible ou de ce goût de domination qu'on lui a trop reproché. Mais au fond de toutes ces pages règne une lumière égale et pure, comme celle dont nous inonde le ciel aux plus beaux jours ; enfin, telle est dans Fénelon la transparence habituelle de ces choses de spiritualité qu'elles sont un enchantement pour l'esprit, de même que l'est pour le regard un limpide horizon.

§ VI.

Du style des Lettres spirituelles.

Le style des *Lettres spirituelles* est, comme celui qui les composa, plein de grâce, de délicatesse et de naturel. Il nous montre Fénelon sous le plus aimable aspect, et non sous le moins littéraire; car ces lettres où brillent tant d'heureux traits ont cela de particulier qu'elles renferment peut-être les plus touchantes parties d'un talent qui en a de si remarquables. Du moins Fénelon y apparaît-il

(1) Il en a certainement dans plus d'un passage du *Panégyrique de Ste Thérèse,* où « il dépasse Thérèse elle-même ».

avec toute la souplesse et toute la variété de son génie. Si noble et si distingué qu'il soit dans ses autres ouvrages, il est en celui-ci ce qu'il est partout comme écrivain, et, de plus, affectueux et tendre, vif et soudain, en un mot, original. Car ces *Lettres*, où le cœur se livre avec abondance, sont moins des traités de morale que des conversations dans lesquelles Fénelon, moins préoccupé de plaire que de guérir, s'abandonne à l'imprévu d'un entretien familier. On peut dire de ces *Lettres* ce que Sénèque disait des siennes, « qu'elles ressemblent à une conversation que nous aurions ensemble, assis ou en marchant ». Seulement, là où Sénèque est trop souvent tendu, roide et déclamatoire, Fénelon est simple, facile, avec une nuance de douceur féminine et de mol abandon. Son style, en effet, qui est celui de la correspondance, coule de source, et se répand, comme une onde inépuisable, du fond de ce cœur né pour l'éloquence et les charmants discours. Rien ne paraît coûter à une imagination dont le propre est de se porter d'elle-même et naturellement vers la grandeur, et à qui l'idée du beau est sans cesse visible et présente. En outre, la plume de Fénelon, quoique délicate, n'a point horreur du mot propre, et c'est par là que s'expliquent ces hardiesses d'expression dont quelquefois on s'étonne en lisant les *Lettres spirituelles*.

Oui, ce serait mal comprendre ces *Lettres* que d'y chercher une forme de diction travaillée, égale et soutenue. Celle de Fénelon a tous les tons, comme elle a toutes les couleurs; mais le trait qui la caractérise, c'est la noble aisance et la facilité. Le stoïcisme peut se complaire en sa rigidité, parce que tel est le fond de la doctrine du Portique, et que la raison ne s'exprime point comme le cœur. La direction chrétienne, affranchie des entraves de l'erreur, réfractaire aux formules de l'école, se développe largement et prête au style son ampleur, sa franchise et sa vérité. Aussi quand Fénelon s'élève, il n'a garde d'être guindé, contentieux, parce qu'il ne soutient ni thèse ni paradoxe, et qu'il n'a d'ailleurs pour maître que le vrai, son unique passion. De même quand il est grand, pourquoi serait-il emphatique ou déclamatoire, puisque par la force des idées chrétiennes il se trouve comme placé de plain-pied dans les régions de l'éloquence? Du reste, ce titre des *Lettres spirituelles* dit tout et justifie l'emploi du style relevé et du style le plus simple (1). Le théologien peut mettre dans ces *Lettres* les plus hautes pensées, le chrétien ses vues sur la foi et son mysticisme supérieur; le moraliste enfin ses analyses déliées ou profondes du cœur et des passions; outre que le poète y peut donner essor à toute son imagination, et l'orateur aux accents généreux de son âme.

Ce style, où tous les tons se fondent comme autant de nuances dans un tableau, dut faire sur les correspondants de Fénelon une impression

(1) « C'est l'esprit de direction qui a fait trouver à Fénelon, sans l'avoir cherchée, dans les *Lettres spirituelles*, cette langue si différente de celle de Pascal et de Bossuet, si supérieure à celle de S. François de Sales, parfois un peu diffuse et un peu traînante, tour à tour négligée ou fleurie, qui ne va pas tout droit au fait,... assez pareille aux plis moelleux et flottants de la draperie qui tombe des épaules d'une statue antique ». (E. Gandar).

aussi vive que pénétrante. L'écrivain avec un art inimitable prend, dans chaque Lettre, l'esprit et la note exacte du sujet ; et, comme il le dit lui-même, il suit « la nature en ses variétés ». Obligé tour à tour de consoler et de raffermir les âmes, de les toucher à la fois et de les convaincre, il lui faut presque autant de styles qu'il a de correspondants, et surtout la plus flexible intelligence des dispositions morales de chaque individu. S'il remplit, ce qui est le plus ordinaire, la noble fonction de médecin des consciences, quel tour il imprime à sa pensée, quels artifices de langage il emploie pour insinuer sa morale et faire accepter ses prescriptions ! Parmi ses malades, combien le consultent qui ne veulent pas être guéris, ou dont le tempérament moral résiste à ses remèdes ! De là ces finesses de diction, ces images frappantes, ces comparaisons familières ou même choquantes à force d'être sensibles par lesquelles Fénelon s'ingénie à rendre efficaces ses conseils et sa médication. Faut-il donc lui reprocher ces erreurs d'un goût généralement si pur, ces fautes heureuses qui seraient presque des beautés dans S. François de Sales, et dont Fénelon se sert au profit de la direction, comme d'un « ragoût » qui en relève la douceur et les grâces parfois un peu efféminées.

Il ne s'agit pas ici de comparer le style de Fénelon avec le style de Sénèque : chacun de ces écrivains n'est guère, à ce point de vue, comparable qu'à lui-même. Cependant si l'on voulait trouver entre eux quelque analogie, il suffirait de mettre en parallèle deux lettres, l'une de Sénèque, l'autre de Fénelon. Extérieurement, c'est le même ordre dans l'arrangement des mots pour produire le meilleur effet; c'est, des deux parts, la phrase courte, rarement périodique, plus sentencieuse chez l'un, plus vive et spirituelle, quelquefois sèche de ton, chez l'autre. C'est un style qui court, que dis-je ! qui a des ailes, et le plus souvent expressif. Dans Fénelon, ce style donne bien de l'homme une juste idée, tellement qu'il serait facile, à défaut d'autre portrait, de ressaisir en ces *Lettres* du grand écrivain sa complexion morale et sa physionomie. Je ne vois rien, en effet, qui la montre aussi naturellement que cet ouvrage où il a mis ce je ne sais quoi de vif, de bref, de passionné, qui est la marque ineffaçable de son génie. Dirai-je qu'il impose à la langue cette marque proprement originale, et qu'il la refait à son usage et selon ses besoins ? Il est trop clair que les mots, dociles sous la plume de Fénelon, s'accommodent au mouvement extraordinaire de ses pensées, qu'il leur crée comme des fonctions nouvelles, et qu'enfin ils sont à ses ordres à l'égal d'un vulgaire instrument.

Enfin, par le côté extérieur, certains passages des *Lettres spirituelles* rappellent à s'y méprendre la manière et les formes de style des *Lettres* à Lucilius. Sans doute la rencontre est fortuite entre les deux auteurs, et toutefois, voici plusieurs *Lettres* qui commencent à la manière de Sénèque, et que l'on croirait, pour le début du moins, traduites du philosophe ancien. « J'ai vu N...; je l'ai beaucoup écouté, je lui ai peu parlé. J'ai suivi en ce point la pente de mon cœur ; peut-être que Dieu a voulu lui montrer par là comment il doit retrancher les discours superflus. Je lui ai dit en peu de paroles ce qui m'a paru convenir à ses besoins ». — « N... vous dira combien je suis occupé de vous et avec quel plaisir j'apprends que vous êtes en paix. Oh ! le grand sacrifice que la simplicité ! C'est le martyre de l'amour-propre ». — « Je plains fort M. N... Je comprends que son état est très-violent. Il commence à se tourner vers Dieu : sa vertu est encore bien faible. Il est obligé à combattre contre tous ses goûts, contre toutes ses inclinations, contre toutes ses habitudes et même contre des passions violentes. Son naturel est facile et vif pour le plaisir. Il est accoutumé à une dissipation continuelle. Il n'a pas moins à combattre au dehors qu'au dedans ».

Conclusion.

Telles sont ces *Lettres spirituelles*. Comme tous les ouvrages de l'esprit où le vrai domine, et où le spécieux n'est qu'un accident, elles ont survécu aux hommes et aux circonstances qui les ont inspirées. Ecrites sans prétention littéraire ou mondaine, mais dans la langue des chefs-d'œuvre, destinées d'abord à n'être que de simples confidences d'un médecin à ses malades, mais trahies par leur perfection même, elles sont devenues pour Fénelon un titre de plus à l'admiration, disons mieux, à l'estime universelle. Elles ne sont pas seulement, en effet, des pièces d'éloquence et des morceaux de style ; elles sont encore, par l'enthousiasme qui les anime, des modèles du sentiment le plus élevé et de la piété la plus profonde. On éprouve en les lisant combien elles durent être efficaces pour la vertu et fécondes pour le progrès des âmes. Afin de comprendre leur utilité morale, que l'un d'entre nous interroge sa propre conscience, et qu'il sache combien notre courte sagesse est souvent incapable de se décider seule et d'échapper, sans le secours d'autrui, aux angoisses du doute ou aux poursuites de l'ennemi intérieur. Par les assauts que nous livrent les moindres passions, nous apprendrons à mieux goûter ces *Lettres* de direction qui furent naguère comme autant de remèdes positifs à des maladies très-réelles, ces *Lettres* dans lesquelles nous pouvons reconnaître la plupart de nos faiblesses, et en même temps le moyen pratique de nous en préserver.

Ne nous flattons donc point, et loin de considérer avec l'indifférence de la santé ces *Lettres* qui ont sans doute guéri bien des maux, cherchons-y, avec l'agrément littéraire, cette infinité de prescriptions qui n'ont pas vieilli et dont les mieux portants pourront certes profiter (1). Car à quoi bon les lire, si nous ne les croyons faites que pour des hommes d'un autre âge? si nous ne prenons à cette lecture qu'un plaisir simplement intellectuel? enfin si, la forme seule nous ayant

(1) « Ces œuvres dévotes, dit un écrivain en parlant des œuvres de spiritualité, sont tout bonnement des trésors de psychologie délicate et de belle littérature, des trésors presque inconnus, ce qui en double le prix ». (E. Caro.)

séduits, le fond nous échappe et ne nous laisse qu'une impression vague et fugitive ? Ces *Lettres*, au contraire, veulent être goûtées comme des fruits excellents de sagesse et de perfectionnement ; et, pour cela, il faut, outre l'intention, un certain désir d'être consolé, et, si l'on brûle de guérir, cette foi sans laquelle Dieu n'agit point en nous par les œuvres, fussent-elles parfaites, qu'il inspire au génie humain. Ne l'oublions pas : les gens du monde à qui Fénelon enseigne la morale et la religion, ne sont pas plus que nous des chrétiens sans défaut, des cœurs sans passions, des âmes en possession du royaume de. Dieu. Quelle que soit leur condition, ce sont des pécheurs comme nous, et comme nous impuissants pour le bien dès que l'Esprit ne souffle plus en eux, c'est-à-dire quand vient à leur manquer un guide affectueux et sûr qui les dirige à travers les embarras de la vie et les incertitudes de la volonté. Aussi, voyez avec quel empressement chacun d'eux se porte vers le maître de toute consolation ; voyez de quel zèle ils sont l'objet de la part de Fénelon (1). Par les lettres qu'ils en reçoivent, jugez de leurs confidences et des inquiétudes de leur esprit. Est-ce donc la recherche d'une vaine prudence qui les pousse à consulter l'habile médecin de leur âme, ou n'est-ce pas plutôt, d'une part, cette crainte salutaire qu'inspirent à l'homme sa mortalité et son faible mérite, de l'autre, ce penchant inné qu'il a

(1) Bossuet, directeur, n'avait pas d'autres sentiments : « Il faudrait, dit-il, écouter jusqu'à des inutilités pour disposer ceux qui les disent à recevoir la consolation qu'on leur doit ».

pour un état de perfection digne de ses efforts et de ses destinées?

Sans doute Fénelon n'a pas guéri tous ses malades. Qui sait même s'il était le mieux doué des directeurs pour cette fonction, difficile entre toutes, et où il s'agit moins de nourrir les illusions d'une piété scrupuleuse que de rendre praticable la voie qui mène à la perfection chrétienne? Il ne faut pas, fût-on la vertu même, exiger des hommes plus de bonté qu'ils ne peuvent en donner, ni surtout les séduire à l'idée d'une vertu chimérique. Or, Fénelon, jusque dans les *Lettres spirituelles*, ne se défend pas toujours d'un certain goût pour l'irréalisable sainteté, pour la piété pure et la spiritualité raffinée. Son cœur, à ce qu'il semble, est la dupe de son brillant esprit, et en son langage il y a souvent plus de rigueur qu'il n'en faudrait à l'égard des malades qui ont besoin d'un traitement proportionné à leur faiblesse. Pour les chimères de sa direction, est-ce l'effet de ce commerce que Fénelon entretint avec les mystiques espagnols et dont il garda une sorte d'ivresse? (1). Pour la rigueur qu'on peut lui reprocher, elle part, non d'un fond de dureté inflexible ou d'une intraitable doctrine, mais d'une vertu sévère et qui, par une espèce d'illusion, croit possible aux autres la règle qu'elle s'impose.

(1) V. le *Panégyrique de Sainte-Thérèse*. « Fénelon ne voudrait pas autoriser « une vaine crédulité » pour de creuses visions » ; mais son penchant l'entraîne, et, lorsqu'il s'agit des dons de la grâce et des communications miraculeuses, on sait qu'il craint la témérité des illusions beaucoup moins que les excès de la prudence. (E. Gandar, *Bossuet orateur*, p. 210).

D'un autre côté, si le sens pratique et des règles facilement applicables sont de nécessité dans la direction, il n'y faut pas moins la fermeté des sentiments unie à une certaine douceur qui est le propre de la persuasion. Puisque le directeur spirituel est un guide, le grand point pour lui est de ne jamais indiquer une route qu'il ne pourrait suivre sans dévier, s'il veut que les autres y marchent à sa suite. Sinon, les plus résolus, voyant que le maître hésite et que sa direction est changeante, ne savent où aller eux-mêmes et finissent par mettre en doute son autorité. Quelques lettres nous montrent Fénelon un peu indécis dans sa marche et en défiance contre ses propres lumières (1). Parfois, il a aussi — et ses correspondances en font foi — à se plaindre d'une sorte de sécheresse (2); il s'en défend de bonne grâce assurément, mais par là il défend le côté faible de sa direction. Car, outre que cette pure foi qu'il oppose au doute est d'une conquête malaisée, et qu'il faut être un saint pour l'avoir aussi pure que Fénelon la demande, de plus, le ton et l'accent impérieux de son langage risque bien

(1) « Mon état ne peut s'expliquer et je le comprends moins que personne. Dès que je veux dire quelque chose de moi en bien ou en mal, en épreuve ou en consolation, je le trouve faux en le disant, parce que je n'ai aucune consistance en aucun sens » (L. 173, avec une lettre du 20 nov. 1701, citée par M. Caro.

(2) « Quoique je sois fort occupé et peut-être souvent fort sec... ». (L. 181).

de décourager un pécheur, même quand il aspire le plus sincèrement du monde à se corriger (1).

C'est que, en effet, étant donné l'homme et les penchants de son cœur, où sont, parmi les gens du siècle, ceux qu'on peut appeler sages et parfaits? Où sont les âmes, si dociles qu'elles fussent, auxquelles Fénelon n'a pas paru trop exigeant ? (2). Sans doute, on dut les compter, même en un temps où la piété eut de si fervents adeptes ; aussi, combien plus nombreuses furent celles qui préféraient à Fénelon armé de sévérité, Fénelon indulgent pour leurs rechutes, et, malgré sa vertu, porté de bienveillance et de mansuétude pour leurs faibles efforts ! Les stoïques ne se rencontrent guère parmi les hommes du monde ; mais la bonne volonté, qui ne fait pas les saints, il est vrai, mais qui est si agréable à Dieu, n'est-elle pas déjà un commencement de sagesse auquel il est juste de rendre hommage? (3) Néanmoins, quand elle est sincère, ne mérite-t-elle pas des égards infinis? Pourtant il semble que Fénelon, l'aimable Fénelon, ne fut pas toujours équitable pour cette bonne volonté si propice à la guérison, et qu'il était si capable de tourner au profit des âmes. Nul plus que nous ne voudrait en douter; car il nous en coûte de relever, dans les *Lettres*

(1) « L'esprit absolu de Fénelon se trahit dans la précision sèche et la dureté de tous ses réglements ». (D. Nisard).

(2) « Fénelon, si inhumain dans la doctrine, est tendre presque jusqu'à l'excès envers les âmes qui lui sont confiées » (E. Caro).

(3) « Ne faut-il pas songer à être vertueux, avant de songer à être saint ? »

spirituelles, quelque chose de ce stoïcisme farouche (1), si peu en harmonie avec la morale chrétienne, et si impuissant à nous faire aimer la sagesse, dont il nous éloignerait plutôt. Certes, on se gardera bien de prêter à Fénelon les intentions de Sénèque et de comparer le sage de la philosophie avec le juste du christianisme. D'ailleurs, il est impossible de se méprendre sur la sévérité telle que l'entend Fénelon : c'est une sévérité tempérée par la charité, et qui trouve son excuse, sinon dans le caractère, au moins dans le cœur si affectueux et si tendre du saint directeur.

Ce qu'il faut estimer sans réserve dans les *Lettres spirituelles*, c'est la variété de leurs prescriptions ; dans le médecin des âmes, sa thérapeutique morale et sa dextérité. Fénelon, directeur, n'est pas un savant nourri d'études abstraites, pourvu de formules précieuses et consommé dans la connaissance des causes. Il s'attache plutôt, comme l'empirisme, à observer les phénomènes, à comparer entre eux les effets que produit telle ou telle cause sur l'état général de l'âme et sur sa constitution intime. Moins profond que Bossuet (2), dont la pénétration atteint jusqu'aux sources de nos maux, et qui traite chacun d'eux en véritable docteur de la vie spirituelle, Fénelon parle de son

(1) «L'*inhumanité* de Fénelon est toute dans sa doctrine. Personne de plus humain que lui et de plus doux dans les formes et dans la pratique de la direction. Il y apporte une patience angélique...»(E. Caro).

(2) Bossuet voulait que tout fût « grave et sérieux » dans la direction (V. E. Caro, *Nouvelles études morales*, p. 201 à 203.

expérience propre, de la science qu'il a de lui-même, et conseille, sous forme de réglements, aux malades des remèdes qu'il croit sûrs, et aux cœurs en voie de perfection ses idées personnelles sur la vertu parfaite et sur la véritable sagesse. Au lieu de dire à ses correspondants : Etant donnée votre affection, voici les causes qui l'ont produite et leur action sur l'état présent de votre esprit, ce qui est le fait d'un savant né pour l'observation, il leur dit : Je connais votre mal, car je l'ai éprouvé; vous êtes tourmenté du désir d'être parfait, comme je le suis moi-même ; appliquez donc à ce mal tel remède qui m'a réussi ; et si vous tendez si fort à la perfection, élevez-vous sur les ailes de la foi pure jusqu'à l'amour divin ; allez jusqu'aux limites idéales où réside le bien suprême, et, cessant d'habiter parmi les hommes, cherchez le lieu de la sainteté et de l'angélique béatitude. Par cette méthode d'enseignement, Fénelon a, ce semble, soulagé plus de malades qu'il n'en a guéris, parce que, au lieu de les traiter d'après leur complexion et le tempérament de leur esprit, il leur administre des prescriptions dont l'usage lui fut profitable, il est vrai, mais qui ne conviennent peut-être pas à toutes les constitutions. Il en résulte que sa direction, loin d'agir immédiatement ou d'avoir de sûrs effets, entretient plutôt le patient dans une sorte d'illusion, outre qu'elle risque de décourager certaines âmes, à qui elle propose une médication au-dessus de leurs forces.

Mais si cet empirisme de Fénelon, si ce genre de consultation spirituelle n'a pas sur les maladies de l'âme toute l'efficacité qu'on devrait en attendre, on ne peut nier cependant qu'il n'ait eu le don si rare de soulager et d'adoucir bien des souffrances. C'est peu de dire que Fénelon, par les grâces de sa parole et par les charmes de son mysticisme, trouva les moyens de se faire écouter; il sut, à force de vertu, se faire goûter des plus délicats. S'il a le tort si pardonnable de nous croire ici-bas capables d'une perfection trop haute, s'il éblouit nos yeux d'un idéal de sainteté impossible pour le plus grand nombre, si enfin il ne combat nos scrupules que pour en éveiller souvent de plus vifs en nous, il faut louer Fénelon de son vertueux optimisme, rendre justice à ses vues élevées, presque sublimes, et le tenir même pour un admirable consolateur. Ensuite, qu'il sera facile d'honorer ce moraliste accompli, lequel, avec une sagacité commune aux grands écrivains de son temps, poussa jusqu'à l'infini sa délicate et pénétrante analyse (1)! C'est par là surtout que les *Lettres spirituelles* sont une œuvre forte et durable ; c'est par là qu'elles tiendront contre les vicissitudes du goût public, et qu'elles formeront toujours une sorte de code où, dans une langue achevée, se rencontrent les plus beaux préceptes de la morale pratique.

Laissons au Portique ses prescriptions étroites et ses règles ambitieuses. Il ne se peut qu'un homme soit égal à Dieu en sagesse, ni que la vertu

(1) « Nulle part plus que dans les *Lettres spirituelles* de Fénelon, on ne trouve cette agilité lumineuse d'une parole qui parcourt tout en fécondant et en éclairant tout ». (E. Caro).

consiste à ne plus rien sentir. Le bon sens protestera toujours contre une philosophie au fond de laquelle il y a plus d'orgueil que de raison, et dont les leçons pleines de roideur ne sauraient, faute de parler à l'âme, nous guérir de la moindre souffrance. Combien Fénelon et le Christianisme ne sont-ils pas plus secourables et plus tendres à nos maux que cette doctrine si prudente à la fois et si hautaine! Dans les *Lettres spirituelles*, c'est un homme qui s'adresse à des hommes, non pour les séduire aux attraits d'un bonheur chimérique, mais pour adoucir en eux les amertumes de leur condition, et leur montrer Dieu, le Dieu personnel et vivant, comme le modèle de toute perfection et comme le but suprême de leurs efforts.

Ces *Lettres* nous présentent encore un grave enseignement. Elles nous font voir, dans sa profondeur mystérieuse, l'abîme que la religion nouvelle a ouvert entre deux doctrines dont l'une, sous prétexte de nous rendre invulnérables, nous frappe d'aveuglement et nous gonfle d'orgueil, tandis que l'autre nous conduit à la lumière par la simplicité et le renoncement. Le stoïcisme veut nous hausser, et il nous abaisse; en nous humiliant, au contraire, la doctrine chrétienne nous rend plus grands. C'est ainsi que Sénèque et Fénelon, moralistes supérieurs pour le détail des préceptes et pour les vues qu'ils nous donnent sur la vie, cessent d'être comparables dès qu'il s'agit du fond de la direction et des principes de leur enseignement. Il reste à Sénèque, et nous parlons des *Lettres à Lucilius*, l'éclat, la verve et l'ingénieuse subtilité de son style; et, ce qui vaut mieux, cette élévation morale, cette beauté des sentiments, qualités supérieures grâce auxquelles on peut dire qu'il a comme pressenti l'avénement du Christianisme. Il a pour lui encore une éloquence échauffée par l'esprit de secte, il est vrai, mais digne d'une meilleure cause et d'une autre philosophie. Certes, ce sont là de rares avantages, et il est permis d'être fier pour le Portique d'un tel disciple et d'un tel interprète. Mais puisqu'il fallait, sous le principat d'un Néron, faire appel à la sagesse et chercher les moyens de guérir, s'ils pouvaient l'être, les maux nés de la folie et du despotisme, et, en outre, ces craintes, ces préoccupations, ces douleurs humaines qui sont de tous les temps, Sénèque dut, sinon en théorie, du moins en pratique, se convaincre de l'inutilité de ses tentatives. Lui et les stoïques qui n'avaient pas réussi à panser leurs blessures, à calmer leurs inquiétudes, comment espéraient-ils sauver du péril des âmes égarées qui, comme Lucilius, avaient recours à leur ministère? Comment du sein des ténèbres païennes se seraient-ils flattés de tirer la lumière et d'éclairer dans leurs voies obscures ceux auxquels les seuls conseils de la sagesse humaine ne suffisaient pas? La doctrine que Sénèque enseignait était donc impuissante, et sa vertu purement préventive; et si elle parvint à signaler le mal dont souffrait tout un peuple déchu, le fait est qu'elle ne parvint jamais à le guérir.

Tout autre, on l'a vu, est la direction, tout autre est la doctrine des *Lettres spirituelles*. Aussi, combien diffère, à ce double point de vue, l'action du directeur chrétien sur les consciences! Comme tout est vivant et lumineux dans sa méthode et dans les principes qui la gouvernent ! Est-il besoin de dire que tout aussi, en cette morale, est neuf et d'une simplicité merveilleuse. Il faut, sans faire le procès au stoïcisme, accorder du moins que la sagesse chrétienne, ayant vu l'homme et la capacité de son cœur, l'a rempli non d'orgueil à la manière de Sénèque, mais de sérénité et d'espérance. Elle a su mesurer l'effort à notre faiblesse (1), nous incliner doucement au bien et offrir à notre bonne volonté une perspective infinie et une perfection vraiment réalisable. Nul ne conteste à Sénèque qu'il eut de saines idées de justice (2), d'humanité, ou, si l'on veut, de philanthropie, qu'il s'éleva à la notion d'un Dieu, et qu'il aperçut, à travers les voiles du monde, un rayon de la vérité éternelle. Il vit que l'homme charnel, s'il veut être digne de Jupiter, doit poursuivre un certain idéal de sagesse et pratiquer les leçons de la philosophie. Mais, en ces régions de l'orgueil où froidement le sage se complaît et goûte la sécurité, la paix de l'âme, les délices de la vie heureuse, il ne faut pas chercher l'enthousiasme et cette chaleur du sentiment religieux qui abonde dans les *Lettres* de Fénelon. En vain Sénèque nous dit « que la vie du sage resplendit de ses seuls rayons », qu'il faut retrancher les désirs, ne pas se réjouir des choses

(1) « Ne vous poussez point vous-même à bout par trop de violence, écrit Bossuet à Mme Cornuau ; le saint Epoux se contente de médiocres et raisonnables efforts ».

(2) « Non potest cuiquam ibidem semper placere, nisi rectum ».

vaines (1), mais plutôt dominer le sort et vivre conformément à la nature (2). Ce sont là de belles maximes, si elles n'avaient pour principe le plus impassible égoïsme. On reconnaît là les refrains usés d'Epicure, les aphorismes de Zénon et tout l'appareil des vieilles doctrines. Seulement, lorsque l'on demande à ces doctrines comment l'homme peut arriver à la sagesse, elles répondent qu'il lui suffit pour cela des seules forces de sa raison, et que la philosophie lui tient lieu de tout, même d'appui surnaturel. Mais se peut-il que le vrai bien coûte si peu et que la vertu soit à si bon marché? Le sage antique s'agite, mais qui le mène? S'il souffre, Jupiter se fera-t-il sentir à lui comme le Dieu miséricordieux dont le chrétien épouve la présence invisible? D'où lui viendra la lumière à ce même sage, quoiqu'il « resplendisse de ses seuls rayons »? Quand il se sera haussé jusqu'au faîte de l'orgueil le plus insensé, en sera-t-il plus grand? Là où l'âme stoïque se roidit lorsqu'elle se sent frappée par l'adversité, l'âme chrétienne se courbe humblement sous les coups, heureuse si de la sorte elle acquiert de nouveaux mérites pour le Ciel. Sans doute, Sénèque, qui sut attendrir la doctrine stoïcienne, a parfois de nobles pensées et qui font honneur à la nature humaine; seulement

(1) « Ne gaudeas vanis ».

(2) « Vivre conformément à la nature, qu'était-ce pour le stoïcien, sinon vivre conformément à l'ordre réalisé dans la nature par la raison suprême qui l'anime et la gouverne, et qui est le principe de toute rectitude, de toute justice et de toute beauté? » (E. Caro, *La Métaphysique et la Morale indépendante*).

il les gâte à force d'esprit ; on sent qu'il lutte contre la vérité qu'il n'a que soupçonnée, ou bien, quand elle se montre, il ne peut la saisir.

Pour Fénelon, tout est clarté, parce que sa foi vient en aide à sa raison. Laissant au directeur romain ses paradoxes, sa métaphysique abstruse et sa casuistique des devoirs (1), il s'appuie sur son catholicisme orthodoxe ; et, s'il subtilise, c'est sur la sainteté, dont il sait d'ailleurs les voies et les secrets. Il a, autrement que Sénèque, abusé de son esprit souple et brillant, le cœur en lui absout largement les erreurs de l'imagination. C'est un guide aussi droit que ferme, dont il faut seulement bien comprendre la direction. Sa voix est peut-être impérieuse, sa manière un peu sèche ; mais l'une est honnête, et l'autre toujours sincère. Son livre est un trésor de morale active, simple et pratique ; il est surprenant de voir combien elle semble applicable à notre temps, et combien elle renferme de vérités sensibles au cœur de tous les hommes. En un mot, il n'est pas une maladie de l'âme qui ne puisse trouver dans les

(1) « La casuistique des devoirs est la clef de voûte du système stoïcien. Elle vient en aide à cet orgueil creux de vertu par qui les Romains du jour cherchent à s'indemniser des humiliations multiples de leur contact avec la Grèce. Elle met en formule le dogmatisme de la probité proportionnelle, et ce personnage moral bien élevé, qui sait concilier le rigorisme général sur lequel le cœur se glace, avec la plus courtoise facilité dans le détail... Tout cet étalage de casuistique ne produisit que de minces résultats. A peine si l'on eût trouvé dans Rome deux ou trois grandes maisons où l'on dînât mal par amour du Portique ». (V. Cic., *de Offic.*, 3, 12, 13 ; add. Mommsen, *Hist. rom.*, t. VI, p. 58).

Lettres spirituelles, sinon un remède assuré, au moins le plus prompt adoucissement, et non le moins agréable. Comme ces eaux qui, sans détruire les causes du mal, tempèrent cependant son action et suspendent ses effets, les *Lettres* de Fénelon, quand on les lit, soulagent le cœur, calment ses inquiétudes, et lui rendent au moins les illusions de la santé.

TABLE DES MATIÈRES

PUBLICATIONS DE LA LIBRAIRIE ACADÉMIQUE DIDIER ET Cie

FEUGÈRES (ANAT.)

Bourdaloue. — Sa prédication, son temps. (*Ouvrage couronné par l'Académie française.*) 1 vol. in-8°...................... 7 fr. 50

LECOY DE LA MARCHE

La Chaire française au moyen âge, et spécialement au XIIIe siècle. (*Ouvr. couronné par l'Acad. des Inscriptions.*) 1 vol. in-8°. 8 fr.

LE DIEU (L'ABBÉ)

Mémoires et Journal de l'abbé Le Dieu, sur la vie et les ouvrages de Bossuet, publiés sur les manuscrits autographes. 4 vol. in-8°. 20 fr.

J. TH. LOYSON (L'ABBÉ)

L'Assemblée du clergé de France de 1682, d'après des documents dont un grand nombre inconnus jusqu'à ce jour. 1 vol. in-8°.. 7 fr.

MATTER

Le Mysticisme en France au temps de Fénelon. 1 vol. in-8° 6 fr.

GANDAR

Bossuet orateur. (*Ouvrage couronné par l'Acad. franç.*) 2e édit. 1 vol.. 3 fr. 50

Choix de Sermons de la jeunesse de Bossuet. 2e édit., 1 vol. fac-s.. 3 fr. 50

LEZAT (L'ABBÉ)

De la Prédication sous Henri IV. 1 vol. in-8°............. 5 fr.

HUREL (ABBÉ)

Les Orateurs sacrés à la cour de Louis XIV. 2e édit. 2 vol. 7 fr.

L'Art religieux contemporain. — Etude critique. — 2e édition, 1 vol.. 3 fr. 50

MOLAND (LOUIS)

Origines littéraires de la France. Chaire, Légende, etc. 1 vol. in-8°.. 6 fr.

VILLEMAIN (*suite*)

Cours de Littérature française : le *Tableau de la Littérature au XVIIIe siècle* et le *Tableau de la Littérature au moyen âge.* Nouv. édit. 6 vol. in-8°.. 36 fr.

Tableau de l'éloquence chrétienne au IVe siècle, etc. Nouv. édit. 1 fort vol. in-8°.. 6 fr.

MONTALEMBERT (COMTE DE)

L'Église libre dans l'État libre. 1 vol. in-8°............ 2 fr. 50

FRANCK (AD.)

Moralistes et Philosophes. 1 vol. in-8°................... 7 fr. 50

Philosophie et Religion. 1 vol. in-8°.................... 7 fr. 50

P. ROUSSELOT

Les Mystiques espagnols. 2e édit. 1 vol. in-8°............ 7 fr. 50

AUBERTIN (CH.)

Sénèque et saint Paul. Etude sur les rapports supposés entre le philosophe et l'apôtre. (*Ouv. couronné par l'Académie française*). 2e édit. 1 vol.. 3 fr. 50

Nimes. Typographie Clavel-Ballivet, rue Pradier, 12.

www.ingramcontent.com/pod-product-compliance
Ingram Content Group UK Ltd.
Pitfield, Milton Keynes, MK11 3LW, UK
UKHW020254220726
13923UKWH00002B/920